«Nur Polizisten dürfen jemanden festnehmen.» – «Ich darf so langsam fahren, wie ich möchte.» – «Ich habe den Nachbarn Bescheid gegeben, da kann es doch mal ein bisschen lauter werden.» – «Ich habe unter 0,5 Promille, also kann mir nichts passieren.» Oft gehörte Sätze aus dem Berufsleben der beiden Bochumer Polizisten Toto & Harry. Aber treffen die Aussagen auch zu?

Viele Missverständnisse und Irrtümer über die Arbeit der Polizei sowie über die Rechte und Pflichten der Bürger halten sich im Volksmund hartnäckig. In wahren, unterhaltsamen Fallgeschichten aus ihrem Polizeialltag – Verkehrsunfälle, Nachbarschaftsstreitigkeiten, Ladendiebstähle oder Ruhestörungen – klären Toto & Harry darüber auf, was Polizisten dürfen, müssen und sollen – und natürlich ebenso die Bürger.

Polizeioberkommissar Torsten Heim, Jg. 1963, und Polizeioberkommissar Thomas Weinkauf, Jg. 1965, gehen seit 1992 gemeinsam in den Straßen Bochums auf Streife. Seit 2003 sind sie regelmäßig in ihrer Sendung «Toto & Harry – die Zwei vom Revier» im Fernsehen zu sehen. Außerdem engagieren sie sich als Botschafter für das Kinderhospiz Mitteldeutschland.

Torsten Heim
Thomas Weinkauf
Frank Schneider

Toto & Harry

Bin ich jetzt schuld?

Die größten Irrtümer
und Missverständnisse
mit der Polizei

Rowohlt Taschenbuch Verlag

Originalausgabe
Veröffentlicht im Rowohlt Taschenbuch Verlag,
Reinbek bei Hamburg, November 2009
Copyright © 2009 by Rowohlt Verlag GmbH,
Reinbek bei Hamburg
Fotos im Innenteil Frank Schneider
Lektorat Angela Troni
Umschlaggestaltung ZERO Werbeagentur, München
(Foto: © Frank Schneider)
Satz Quadraat PostScript, InDesign,
bei KCS GmbH, Buchholz bei Hamburg
Druck und Bindung Offizin Andersen Nexö
Leipzig GmbH, Zwenkau
Printed in Germany
ISBN 978 3 499 62597 8

Inhalt

Ich hatte das Messer nur in der Tasche,
das ist doch nicht strafbar.
61

Ein Polizist darf nie eine Frau und eine Polizistin
nie einen Mann durchsuchen.
67

Ohne Durchsuchungsbefehl kommt in meine
Wohnung keiner rein.
74

Ohne Durchsuchungsbefehl kommt auch in
meine Wohnung keiner rein.
80

Das ist doch nur für meinen Eigenbedarf.
86

Ich habe unter 0,5 Promille, also kann
mir nichts passieren.
92

Die eheliche Pflicht zum Sex mit meinem
Partner gibt es nicht.
98

Ist doch meine Sache, ob ich mein
Auto abschließe.
105

Vom Sperrmüll darf man alles mitnehmen
oder einfach etwas dazustellen.
111

Auf deutschen Straßen darf ich so langsam
fahren, wie ich möchte, und Rechtsüberholen
ist immer verboten.
118

Mundraub ist nicht strafbar!
125

Münzen sind auch Geld, die müssen
angenommen werden.
130

Eltern haften für ihre Kinder.
136

Wer auf Autobahnen die linke Spur befährt
und die Lichthupe betätigt, um zu überholen,
begeht eine Nötigung.
Bei einer dreispurigen Autobahn ist der rechte
Fahrstreifen nur für Laster gedacht.
145

Nur Polizisten dürfen jemanden festnehmen.
152

Was ich finde, darf ich auch behalten.
157

Wenn ein anderer vor meiner Garage
parkt, wird er sofort von der Polizei
abgeschleppt!
164

Mein Hund tut nichts, deshalb muss
ich ihn auch nicht anleinen
170

Mein Beifahrer darf eine Parklücke
für mich frei halten. Parklücken wegschnappen
ist verboten.
177

Kinder müssen mit dem Fahrrad immer
auf dem Radweg fahren.
Radfahrer neben der Fahrbahn
haben keine Vorfahrt.
An Zebrastreifen haben auch fahrende
Radfahrer Vorfahrt.
182

Vorwort

Bin ich schuld?» – «Was habe ich nur falsch gemacht?» – «Warum sprechen Sie denn ausgerechnet mich an?» – «Dürfen Sie das überhaupt?»

So lauten die ständig wiederkehrenden Fragen, die Bürger mit schöner Regelmäßigkeit an uns Polizisten richten. Besonders dann, wenn wir gerade mit der Aufnahme eines Verkehrsunfalls beschäftigt sind, einen Menschen auf der Straße kontrollieren wollen oder einfach nur dem Hinweis eines Zeugen nachgehen müssen.

Unsere Antworten fallen natürlich meist verschieden aus, aber im Kern geht es so gut wie immer um das gleiche Thema: Viele Menschen meinen, sie hätten aus dem Fernsehen, vom Nachbarn oder aus dem Internet erfahren, was Polizisten in ihrem Job eigentlich tun dürfen, müssen und sollen – und natürlich ganz besonders, was Polizisten alles nicht dürfen. Das Problem dabei ist Folgendes: Im berühmten Volksmund halten sich nicht nur viele Irrtümer und Missverständnisse über die Arbeit der Polizei, sondern auch solche über die Rechte und Pflichten der Beamten ebenso wie über die Rechte und Pflichten der Bürger.

Beispielsweise klären wir Polizisten eben nicht die Frage der Schuld bei einem Unfall, sondern können nach Abwägung aller Angaben und Spuren lediglich feststellen, welcher Autofahrer der Hauptverursacher eines Verkehrsunfalls ist. Wir gehen also der Frage nach dem Verursacher und nicht nach dem Schuldigen auf den Grund. Das Urteil spricht im Streitfall später ein Richter. Wobei wir fairerweise zugeben müssen, dass der Verursacher in den meisten Fällen auch die Hauptschuld am Unfall trägt. Trotzdem gibt es immer wieder die berühmt-berüchtigten Ausnahmen, wie Sie in diesem Buch gleich noch erfahren werden.

Selbst für uns ist es manchmal schwer, im verworrenen Dickicht des Paragraphendschungels den Überblick zu behalten. In Deutschland ist nun mal fast alles durch Gesetze und Verordnungen geregelt, und es gibt kaum jemanden, der sämtliche Gesetze kennt, zumal diese sich durch aktuelle Gerichtsurteile und die Rechtsprechung laufend verändern. Daher ist es nicht verwunderlich, dass wir im Streifendienst regelmäßig mit sogenannten Rechtsirrtümern konfrontiert werden. Manchmal müssen wir sogar selbst nochmal nachlesen, welche Vorschrift denn jetzt tatsächlich gilt.

Aus all den vielen Erfahrungen ist schließlich die Idee entstanden, dieses Buch zu schreiben. Anhand der geschilderten Situationen möchten wir Ihnen aufzeigen, dass die allgemeine Volksmeinung nicht immer richtig sein muss und dass wir und unsere Kollegen mit unseren Entscheidungen im täglichen Dienst ganz gewiss niemanden ärgern wollen, sondern nach Recht und Gesetz handeln. Dazu gehört, dass wir in Ausnahmefällen bestimmte Dinge tun dürfen, mit denen der Bürger nicht gerechnet hat. Letztlich gilt dann doch die alte Binsenweisheit: Ausnahmen bestätigen die Regel. So ist es auch in vielerlei Hinsicht in unserem Polizeidienst.

In diesem Buch wollen wir Ihnen natürlich keine Rechtsberatung erteilen, das dürften wir als Polizisten ohnehin nicht. Wir möchten Ihnen vielmehr unsere persönlichen Erfahrungen weitergeben und schildern, mit welchen Irrtümern und Missverständnissen wir in unserem Alltag fast täglich konfrontiert werden. All das macht uns das Leben manchmal unnötig schwer, weil der Bürger denkt, wir wären im Unrecht.

Dieser Irrglaube sorgt dann auch nicht selten für Frust gegenüber der Polizei im Allgemeinen und den eingesetzten Beamten im Speziellen. Und wenn wir beide eines ganz bestimmt nicht wollen, dann ist es ein unzufriedener oder verärgerter Bürger. Deshalb hoffen wir, dass der eine oder andere von Ihnen durch die hier geschilderten Fallbeispiele seine Meinung ändert und beim nächsten Mal versteht, dass wir oder unsere Kollegen so handeln müssen. Die Rechtslage ist nun mal oft anders, als man landläufig meint. Wir wollen Ihnen Freund und Helfer sein, auch wenn das für einen Straftäter wie blanker Hohn klingen mag. Aber der hat es nun mal nicht besser verdient …

Wenn Sie nicht gerade ein studierter Jurist oder ein Kollege sind, werden Sie vermutlich erstaunt feststellen, dass auch Sie schon mal auf den einen oder anderen rechtlichen Irrtum oder so manches Missverständnis hereingefallen sind. Wir würden uns wünschen, dass Ihnen bei der Lektüre unseres Buches mehr als einmal der Satz «Das hätte ich aber so nicht gewusst» durch den Kopf geht. Bitte erzählen Sie beim nächsten Kneipenbummel, Kegelabend oder auf der kommenden Geburtstagsfeier die jeweilige Geschichte einfach weiter. Dann haben wir nämlich alle etwas davon, und wir Polizisten müssen beim nächsten Einsatz nicht mehr in ungläubige oder gar entsetzte Gesichter schauen.

Dieses Buch soll nicht zuletzt auf unterhaltsame und lustige Art und Weise den Polizeialltag transparenter machen. Es ersetzt ganz sicher keine qualifizierte, individuelle Beratung durch einen Anwalt. Schließlich sind Gesetze auch immer ein Stück weit Auslegungssache, und wir können nicht jeden denkbaren Einzelfall oder jede Ausnahmesituation darstellen – das wollen wir im Übrigen auch gar nicht. Denn wie bereits angedeutet, ändern sich die Gesetze sowie die Rechtsprechung laufend. Im schlimmsten Fall könnte die Gültigkeit der aufgezeigten Beispiele also bereits einen Tag nach Erscheinen unseres Buches schon wieder Geschichte sein. Aber das wollen wir mal nicht hoffen.

Und nun viel Spaß beim Lesen.

Herzlichst
Toto & Harry

Jedem Festgenommenen müssen seine Rechte vorgelesen werden. Ein Verdächtiger hat genau einen Anruf frei.

Zu viel Fernsehkonsum, insbesondere das häufige Anschauen von amerikanischen Thrillern oder Krimis, führt immer wieder zu Missverständnissen im Umgang mit der Polizei. Nicht jeder weiß, dass die deutschen Polizisten oftmals ganz anders arbeiten als ihre amerikanischen Kollegen und hier bei uns völlig andere Rechtsnormen gelten als in den USA. Dort ist der Sheriff auf dem Land mit einer Macht ausgestattet, die hier bei uns noch nicht einmal der Polizeipräsident hat.

Ein Paradebeispiel für ein solches Missverständnis war sicherlich unsere Begegnung mit Sören. Wir lernten den jungen Mann vor nicht allzu langer Zeit am Südausgang des Hauptbahnhofs kennen. An dem Tag gingen wir mal wieder Fußstreife und hatten unseren Bulli vorher in einer Seitenstraße geparkt. Als Polizist auch mal zu Fuß unterwegs zu sein ist sehr wichtig: Zum einen sieht man manches besser im Vorbeigehen und kann auch mal stehenbleiben, um sich Personen oder eine herrenlose Tasche genauer zu betrachten. Zum anderen ist es auch deshalb wichtig, weil man mit den Menschen schnell ins Gespräch kommt und so auf verdächtige Personen oder Beobachtungen hingewiesen wird.

Wir bogen also hinter dem Hauptbahnhof um die Ecke, da sahen wir eine Gruppe Männer auf den Blumenkübeln sitzen. Unter ihnen war auch, wie wir später erfuhren, der besagte Sören. Er hielt sich dort mit einigen Zechkumpanen auf, wo sie gemeinsam das ein oder andere Bier, vermutlich öfter auch ein paar Bier zu viel, tranken. Dabei philosophierten sie, mal lauter, mal leiser, über den Sinn und auch Unsinn des Lebens – anstatt sich Gedanken um das eigene Leben zu machen und zu überlegen, was sie vielleicht besser machen könnten.

Weil die Gruppe lautstark herumkrakeelte und alle Beteiligten angetrunken waren, entschlossen wir uns, die ungepflegten Männer zu kontrollieren. Einerseits schreckt das die Betroffenen ab, später Mist zu bauen – die Polizei hat ja gerade erst den Namen überprüft. Andererseits wissen wir, falls doch etwas passiert, wer unsere Pappenheimer sind, und können schnell zuschlagen. Nach und nach ließen wir uns die Ausweise zeigen und fragten per Funk auf der Wache die Namen ab, um herauszufinden, ob gegen einen der Männer etwas vorlag. Das heißt im Nichtbeamtendeutsch: ob einer von ihnen gesucht wurde.

Als wir schließlich zu besagtem Sören kamen und seine Daten an die Zentrale durchgaben, meldete uns der Kollege am Funk nach kurzer Zeit zurück: «Da habt ihr aber einen schönen Treffer gelandet. Gegen den betreffenden Herrn liegt laut System ein Untersuchungshaftbefehl der Staatsanwaltschaft Bochum vor. Wegen wiederholten Diebstahls.»

Als wir dies dem Siebenundzwanzigjährigen eröffneten, antwortete er prompt: «Soso! Dann lest mir jetzt erst mal meine Rechte vor!» Dabei streckte er uns beiden Arme waagerecht und zusammengeführt entgegen. Offensichtlich als Vorbereitung für eine mögliche Fesselung.

«Was sollen wir dir vorlesen?», fragte Toto verdutzt.

«Na, was schon, meine Rechte natürlich! Bevor ihr mich mitnehmt, seid ihr ja wohl dazu verpflichtet. Das kenne ich aus dem Fernsehen. Ein Witz, dass ihr das nicht wisst. Also, ich höre!»

Da dämmerte es uns. Sören meinte offenbar die sogenannte Miranda-Warnung, diesen typischen Satz, in welchem dem Festgenommenen seine verfassungsgemäßen Rechte genannt werden. «Sie haben das Recht zu schweigen. Alles, was Sie sagen, kann und wird vor Gericht gegen Sie verwendet werden. Sie haben das Recht, mit einem Rechtsanwalt zu sprechen und diesen zu jeder Befragung hinzuzuziehen. Sollten Sie sich keinen Rechtsanwalt leisten können, wird Ihnen ein Rechtsanwalt auf Staatskosten gestellt.»

Diese Worte hätte der angetrunkene Sören wohl gerne gehört. Aber wir konnten lediglich wiederholen, dass gegen ihn ein Haftbefehl wegen wiederholten Diebstahls vorlag.

Nicht sauer, sondern eher beleidigt, forderte der Unbelehrbare immer wieder seine Rechte ein. «Das müsst ihr mir vorlesen, sonst dürft ihr mich gar nicht mitnehmen. Da handelt ihr euch eine Menge Ärger ein, Jungs. Ihr werdet noch an meine Worte denken.»

Nachdem wir ihm Handfesseln angelegt hatten, für den Fall, dass seine Aufregung doch noch zu einem Fluchtversuch führen würde, gingen wir zum Polizeiwagen.

«Das glaubt mir keiner, die lesen mir einfach meine Rechte nicht vor. Ihr fliegt raus aus der Polizei, dafür werde ich sorgen», wetterte der angetrunkene Mann ein ums andere Mal.

«Keine Angst, so schnell wird man uns nicht los. Wenn du in der Zelle sitzt, kannst du dich ja mal mit dem Polizeigesetz und anderen Vorschriften beschäftigen, dann weißt du beim nächsten Mal besser Bescheid», beruhigte ich ihn.

Seine dreiste Antwort ließ uns schmunzeln. «Diese Ausflüchte helfen euch auch nicht mehr, ihr habt es verbockt. Ich habe Handschellen an und immer noch nicht meine Rechte vorgelesen bekommen, das war's für euch.»

Als wir den Streifenwagen erreichten, drückten wir ihn auf den Rücksitz und fuhren mit ihm zur Wache. Toto saß hinten neben Sören.

«Auch wenn wir alles falsch machen, ist es klasse, dass du widerstandslos mitkommst. Finde ich echt prima, bist ein feiner Kerl», sagte er zu dem Mann.

«Musst mir jetzt keinen Honig ums Maul schmieren, die Nummer ist für euch gelaufen. Mein Anwalt freut sich schon auf euch, der macht euch lang, da vergeht euch Hören und Sehen», drohte er zum wiederholten Male.

Auf der Wache fanden die Missverständnisse zwischen Polizei und Sören ihre Fortsetzung. Unser Dieb hatte noch nicht auf dem Stuhl des kleinen Büros Platz genommen, da rief er schon: «Ich kenne meine Rechte! Ich möchte jetzt sofort telefonieren. Einen Anruf habe ich frei, und ich kann anrufen, wen ich will! Also bitte, wo ist das Telefon?»

Ich musste laut lachen, Toto dagegen schüttelte nur den Kopf und war langsam leicht genervt.

Statt eines Telefons bekam Sören deshalb nun einen Schnellkurs zum Thema «Rechte von beschuldigten und festgenommenen Personen». Nach zwei Minuten endete Toto mit den Worten: «Siehst du jetzt endlich ein, dass das alles ein wenig anders ist, als du denkst?»

Danach wurde Sören zwar etwas ruhiger und kleinlauter, aber

wirklich einsichtig zeigte er sich nicht, denn er wollte seinen Anwalt immer noch anrufen.

«Lass dich nächstes Mal in Amerika festnehmen, dann klappt das vielleicht auch mit deinen Vorstellungen», schlug ich ihm vor. «Aber eines solltest du wissen: Die Sheriffs dort sind nicht so zimperlich und nett wie wir, da kannst du ja mal versuchen, deine Rechte einzufordern, und so rummeckern wie hier. Die Männer mit dem Stern auf der Brust erzählen dir dann wahrscheinlich was ganz anderes.»

Danach verzichtete Sören mürrisch auf seinen Anruf, wirkte aber irgendwie immer noch beleidigt.

Nachdem wir im Büro den Papierkram erledigt hatten, brachten wir den Mann mit unserem Bulli zur Justizvollzugsanstalt Krümmede. Die Fahrt dauerte nur fünf Minuten, denn der Knast liegt direkt neben dem Bochumer Ruhrstadion. Als wir langsam auf die Pforte zufuhren, sagte Sören zum Abschied: «Das krieg ich raus, ob die Jungs in den Filmen oder ihr recht habt. Wehe, ihr liegt daneben, dann wird's echt bitter für euch. Auch wenn ihr mir langsam sympathisch werdet. Aber ich muss ja jetzt wohl los.»

Wir stiegen aus und übergaben den Verhafteten zusammen mit den Papieren dem zuständigen Justizwachmann. Von ihm bekamen wir unsere Handschellen zurück, und Sören verschwand mit dem Wachmann hinter dem Stahltor. Bis heute haben wir von ihm oder seinem Anwalt nichts mehr gehört. Demnach lagen wir offensichtlich doch nicht ganz so daneben, wie er uns weismachen wollte.

Jedenfalls sollte am Ende von Thrillern und Krimis, gerade bei den Streifen aus Hollywood, immer ein deutlicher Warnhinweis über den Bildschirm flimmern: «Zu Risiken und Nebenwirkungen fragen Sie Ihren freundlichen Polizisten an der nächsten Ecke.»

Die sogenannte Miranda-Warnung gibt es in Deutschland nicht. Natürlich müssen Polizisten einen Tatverdächtigen hierzulande auch über seine Rechte belehren, bevor sie ihn das erste Mal vernehmen. Zum Beispiel darüber, dass er als Beschuldigter schweigen darf und keine Verwandten belasten muss. Außerdem müssen wir ihm sagen, welcher Tatvorwurf besteht, und ihn darauf hinweisen, dass es ihm freisteht, sich zu der Sache zu äußern, und dass er einen Strafverteidiger hinzuziehen darf. Diese rechtlichen Belehrungen sind allerdings nicht wie im Hollywood-Streifen an eine bestimmte Form oder sogar einen bestimmten Wortlaut gebunden.

Es gibt hier in Deutschland auch keinen Anspruch darauf, nach einer Festnahme genau einmal und dann auch noch mit einer beliebigen Person zu telefonieren. Ansonsten könnte ein Tatverdächtiger ja theoretisch in der Weltgeschichte herumtelefonieren oder sogar Komplizen anrufen, um diese zu warnen. Die könnten dann das belastende Material oder Diebesgut in aller Ruhe verschwinden lassen.

Ein Festgenommener hat jedoch das Recht, jederzeit einen Rechtsanwalt zu Rate zu ziehen. Wenn dringende Gründe vorliegen, können dem Festgenommenen auch mehrere Telefonate eingeräumt werden. Das ist in der Strafprozessordnung so geregelt. Und er hat ein Anrecht darauf, eine Kopie des Haftbefehls ausgehändigt zu bekommen.

**Ich darf auf meinem eigenen
Balkon grillen, wie ich will.**

Wenn unsere Leitstelle über Funk ihre unzähligen Einsätze an die Besatzungen der einzelnen Streifenwagen vergibt, kann man fast immer schon am Klang der Stimme und der Sprechweise des Kollegen erkennen, ob es sich um einen dringenden, kuriosen oder alltäglichen Fall handelt. Grundsätzlich ist das gut, weil wir so im Voraus wissen, was uns gleich erwartet. Allerdings löst es in dem einen oder anderen Fall auch schon mal ein gewisses Unbehagen bei den angesprochenen Kollegen aus, und das ist dann natürlich weniger angenehm.

Diesmal erreichte uns ein wirklich dringender Einsatz, was wir ohne Zweifel an der hektischen Stimme des Kollegen am Funk bemerkten. Aufgrund der Dringlichkeit und der dadurch entstehenden inneren Aufregung versuchen die meisten Kollegen, den Einsatz möglichst schnell weiterzuleiten. Dabei erheben sie – oft völlig unbewusst – die Stimme und reihen die Wörter schneller als üblich aneinander. Außerdem sprechen sie mehrere Einsatzfahrzeuge gleichzeitig an und nennen den Einsatzgrund im selben Atemzug. In weniger dringenden Fällen warten sie vorher die Bestätigung ab, dass die Angesprochenen just in diesem Moment den Funk mithören.

«Irma elf-zweiunddreißig, elf-dreiunddreißig und elf-fünfunddreißig! Hauptstraße fünfzig. Brand in einem Mehrfamilienhaus! Achtung, es befinden sich wohl noch Menschen im Gebäude. Die Feuerwehr rollt schon mit zwei Löschzügen an. Sonder- und Wegerechte sind für alle freigegeben!»

So schallte es eines sonnigen Samstagnachmittags aus dem Lautsprecher unseres Bullis. Der Kollege in der Leitstelle hatte den Satz «Sonder- und Wegerechte sind für alle …» noch nicht ganz zu Ende gesprochen, da schaltete Toto auch schon mit der linken Hand Blaulicht und Horn ein, während er mit der rechten zum Funkgerät griff.

«Irma elf-fünfunddreißig hat verstanden», gab er sofort als Bestätigung an die Leitstelle durch.

Im Laufe der Jahre setzt ein gewisser Automatismus in solchen Situationen ein, und ich ertappte mich dabei, wie ich sofort das Gaspedal bis zum Anschlag durchtrat. Der Streifenwagen beschleunigte rasch. Ich würde mich selbst als einen eher defensiven, ja fast vorsichtigen Fahrer bezeichnen, aber bei Einsatzfahrten, bei denen es um Sekunden geht, die über Leben und Tod entscheiden, müssen wir ein größeres Risiko eingehen. Denn trotz aller Fahrkünste und Sicherheitstrainings sind solche Fahrten unter Adrenalin immer etwas Besonderes und teilweise sogar ganz schön gefährlich.

Wir stellen immer wieder fest, dass nicht nur wir in solchen Momenten an die Grenzen unserer Konzentrationsfähigkeit gehen, sondern dass auch die anderen Fahrzeugführer beim Einsatz von Blaulicht und Martinshorn teilweise überfordert sind und völlig irrational und abrupt reagieren. Plötzlich wirkt die dicke weiße Haltelinie an einer auf Rot stehenden Ampel auf manche Autofahrer wie eine undurchsichtige und zugleich undurchdringliche Mauer, die sie auf keinen Fall überwinden dürfen. Erst recht nicht, wenn die Polizei hinter ihnen ankommt.

In solchen Fällen stehen wir mit Martinshorn und Blaulicht hinter dem auf der Straße angewachsenen Auto und kommen trotzdem einfach nicht vorbei. Schließlich steht die Ampel auf Rot! Da hilft meistens nur der Außenlautsprecher des Streifenwagens und ein eindringliches «Fahren Sie bitte langsam bei Rot über die Linie in die Kreuzung und machen Sie so Platz für unser Einsatzfahrzeug!», sonst verharren solche Autofahrer bis in alle Ewigkeit unbeweglich wie ein Kaninchen vor der Schlange.

Glücklicherweise hatten wir es bei dem samstäglichen Feuer-Einsatz nicht allzu weit bis zu dem brennenden Haus. Als wir in die Hauptstraße einbogen, kam auch schon der rote Einsatzleitwagen der Feuerwehr von der anderen Seite angeschossen. Der Rest des Löschzuges, Tanklöschwagen, Drehleiter und Rüstwagen, folgte wie an einer Perlenschnur aufgereiht dahinter. Sofort war ich ein bisschen erleichtert, denn diese Profis wissen besser als wir, was bei Feuer als Erstes zu tun ist.

Mein Blick richtete sich auf das besagte Objekt. Im dritten Stock des weißen Mehrfamilienhauses quoll dichter schwarzer Rauch von einem Balkon. Als wir stoppten, kam sofort ein Mann auf uns zugelaufen, und Toto sprang aus dem Wagen.

«Ich habe angerufen. Ich bin hier zu Fuß vorbeigekommen und habe den Brand erst gerochen und dann gesehen», rief er aufgeregt und völlig außer Atem.

Toto bedankte sich knapp und forderte den Zeugen auf, einen Moment zu warten. «Ich brauche noch Ihre Personalien und eine Aussage, falls Sie etwas beobachtet haben», erklärte er. «Aber jetzt müssen wir erst mal sehen, was es hier noch zu retten gibt.»

Zusammen liefen wir zum Hauseingang. Die fünf roten Fahrzeuge des Löschzuges hielten gerade allesamt vor der Häuserzeile und blockierten die komplette Straße.

Toto rief in den glücklicherweise noch nicht verqualmten Hausflur: «Hallo, ist da jemand? Es brennt, bitte kommen Sie raus.»

Unterdessen sprangen die Feuerwehrleute aus ihren Wagen, und zwei Trupps mit Atemschutzmasken stürmten sofort ins Haus. Die Jungs machen in solch gefährlichen und im wahrsten Sinne des Wortes brenzligen Situationen echt einen guten Job, dachte ich bei mir.

Schon waren mehrere Männer damit beschäftigt, die Schläuche auf der Straße auszurollen, zwei weitere bauten eine Leitung zum nächsten Hydranten auf, ein anderer fuhr unterdessen die lange Drehleiter aus.

Anerkennend beobachtete Toto, wie professionell die Kollegen von der Feuerwehr arbeiteten. «Guck mal, da sagt keiner eine Backe voll, aber jeder weiß genau, was er zu tun hat. Und dabei riskieren sie auch noch ihre eigene Gesundheit für andere Menschen.»

Unwillkürlich musste ich an den 11. September 2001 und den tragischen Einsatz der «Firefighter» im World Trade Center denken. Wie viele Wehrmänner waren damals in das Hochhaus gerannt, um Menschenleben zu retten, und hatten dabei ihr eigenes verloren.

Doch die Situation ließ nicht viel Raum für Gedanken, denn wir mussten uns auf unsere polizeilichen Aufgaben konzentrieren. Vor dem Haus hatte sich wie so oft in Windeseile eine größere Menschentraube von Schaulustigen gebildet. Einige hielten ihre Handys in Richtung des Hauses und fotografierten die Szenerie.

«Komisch», sagte Toto. «Eben war noch keiner da, aber auf einmal braucht man nicht mehr zu helfen. Jetzt gibt es nur noch was zu glotzen. Das macht Spaß.»

Ich schaute die Straße runter und wunderte mich mal wieder darüber, dass Brände und das laute «Tatütata» auf manche Menschen eine fast magische Anziehungskraft ausüben. Es ist wie mit den Motten und dem Licht, die Viecher kommen auch nicht davon los.

Toto war bereits damit beschäftigt, die «Zuschauer» und «Fotografen» nicht zu nah an das Gebäude herankommen zu lassen. Schließlich wussten wir nicht, ob vielleicht brennende Trümmer herabstürzen würden oder ob die Feuerwehr ein Sprungkissen zur Rettung eventuell eingeschlossener Bewohner aufblasen müsste. Währenddessen regelte ich den Verkehr auf der Hauptstraße. Mein Blick fiel wieder auf den qualmenden Balkon, und ich konnte schemenhaft einen Feuerwehrmann mit Atemschutzmaske mitten im Rauch erkennen, der einen Handfeuerlöscher in den Händen hielt und diesen gerade einsetzte. Im nächsten Moment schoss weißes Pulver hoch und vernebelte den Blick noch mehr.

Verwundert beobachtete ich, dass die Männer aufhörten, weiter Schläuche auszurollen, und auch den Hydranten wieder abdrehten. Dann senkte sich langsam die Drehleiter in Richtung Straße.

Ich blickte zu Toto hinüber und fragte: «Alles nicht so schlimm?»

Er nickte und deutete zu dem Balkon hinauf. «Grillen mit der Feuerwehr, glaube ich.»

Eine gewisse Erleichterung machte sich in mir breit. Wurden bei Bränden doch viel zu oft in den Trümmern später noch Tote gefunden, die erstickt und anschließend verbrannt waren. In diesem Fall sah es dagegen erfreulicherweise so aus, als wenn nichts passiert wäre.

Unser Dienstgruppenleiter traf gerade am Einsatzort ein und unterhielt sich mit dem Zugführer der Feuerwehr. Der hatte sein Funkgerät in den Händen und wirkte völlig entspannt. Als ich wieder nach oben blickte, war schon gar kein Rauch mehr zu erkennen, und auch der Feuerwehrmann mit Schutzmaske war verschwunden. Er trat kurz darauf gemeinsam mit seinen Kollegen aus der Haustür. Alle hatten ihre Atemschutzmasken ausgezogen, und man sah noch die roten Ränder der Gummidichtungen in ihren Gesichtern. Dann ging der Feuerwehrmann zu seinem Zugführer. Seiner Gestik zufolge beschrieb er offensichtlich die Lage auf besagtem Balkon.

Wie sich kurz darauf auch für uns herausstellte, war ein unsachgemäß angefeuerter Grill die Ursache für die starke Rauchentwicklung auf dem Balkon gewesen. Das hatte auf dem Gehweg den Eindruck eines Zimmerbrandes entstehen lassen. Der Grillmeister hatte die Kohlen mit einem Brandbeschleuniger anfeuern wollen, und plötzlich war erst eine Stichflamme und danach nur noch beißender Rauch aufgestiegen. Dem hungrigen Mann blieb da nur die Flucht.

Kurz darauf vernahmen wir im Hausflur den Grillexperten im bekleckerten Unterhemd.

«Ich bin dann nur noch schnell rein, hab die Tür zugeknallt und meine versengten Augenbrauen abgetastet. Danach wollte ich abwarten, bis sich der Rauch verzieht. Aber es wurde bloß schlimmer. Da hat auch noch die Tüte mit der Kohle Feuer gefangen, und dann hat auf einmal alles wie blöd geraucht. Ich hab ja nicht geahnt, dass einer von der Straße die Feuerwehr ruft. Tut mir echt leid. So etwas ist mir noch nie passiert, wirklich nicht.»

Natürlich waren wir alle froh darüber, dass es nicht wirklich zu einem Zimmerbrand gekommen und die Sache so glimpflich ausgegangen war. Trotzdem stand der Grillmeister wie ein Häufchen Elend mit gesenktem Haupt vor dem Haus und sah zu, wie die Einsatzfahrzeuge der Feuerwehr und die Rettungswagen nach und nach abfuhren. Auch die Menschentraube auf der gegenüberliegenden Straßenseite löste sich rasch auf, das bisschen Grillfeuer war den Gaffern dann doch nicht spektakulär genug. Außerdem war niemand verletzt worden, und das war den üblichen Schaulustigen dann offenbar doch zu langweilig.

Als wieder Ruhe eingekehrt war, gingen wir mit dem unvorsichtigen Pechvogel auf seinen Balkon und ließen uns die Ursache für den Großeinsatz nochmal zeigen. Die Tüte mit der Kohle war mit einer dicken Schicht Pulver aus dem Handfeuerlöscher bedeckt. Der Rahmen der Balkontür war leicht angesengt und schwarz verrußt.

«Das müssen Sie Ihrer Versicherung melden», sagte Toto. «Wir müssen auch leider eine Anzeige gegen Sie schreiben, wegen der Rauchbelästigung. Eigentlich auch schon fast wegen fahrlässiger Brandstiftung. Sie haben mit Ihrer Aktion alle Hausbewohner gefährdet. Machen Sie solche Sachen künftig lieber im Park oder an der Ruhr. Da kann auch nicht so viel kaputtgehen.»

Fazit

Laut Landesimmissionsschutzrecht – dieses gibt es nicht in allen Bundesländern, aber in Nordrhein-Westfalen – ist eine erhebliche Belästigung durch konzentrierten Rauch, der von einem Grill in die Schlaf- und Wohnräume eines Nachbarn zieht, verboten. Grundsätzlich muss man nur «geringfügige» Belästigungen durch Grillrauch hinnehmen. Sie sollten daher mit Ihren Nachbarn Absprachen treffen oder sie am besten gleich zum Mitgrillen und Feiern einladen.

Es gibt jedoch sehr unterschiedliche Grundsatzurteile: Das Landgericht Essen beispielsweise entschied, dass das Grillen auf dem Balkon durch eine Regelung in der Hausordnung verboten werden kann. Das Amtsgericht Bonn urteilte dagegen, dass Mieter in der warmen Jahreszeit einmal im Monat auf dem Balkon grillen dürfen, aber ihre Nachbarn achtundvierzig Stunden vorher darüber informieren müssen. Das Landgericht Stuttgart ist wiederum der Meinung, dass drei Mal im Jahr für zwei Stunden gegrillt werden darf.

Allerdings sollten Sie stets darauf achten, dass die Rauchentwicklung ein «normales» Maß nicht übersteigt, damit Sie nicht plötzlich eine Kompanie Löschfahrzeuge vor dem Haus stehen haben. Ein Verstoß stellt übrigens eine Ordnungswidrigkeit dar und wird mit einer Anzeige sowie einem Bußgeld geahndet.

Wenn Sie ohne Rücksicht auf Verluste auch noch Spiritus auf die Flammen schütten und so einen Brand verursachen, droht Ihnen dagegen richtiger Ärger. In dem Fall kann nämlich die Bewertung seitens der Staatsanwaltschaft bis zu Brandstiftung gehen. Schneller, als Ihnen lieb ist, haben Sie dann eine Straftat begangen, obwohl Sie eigentlich nur ein bisschen zu ungeduldig beim Grillen waren. Und jeder sollte daran denken, wie viele Kinder schon schwerste Verbrennungen erlitten haben, weil ihre Eltern unvorsichtig grillten.

Barfuß darf ich nicht Auto fahren.

TÜV und AU darf ich bis zu zwei Monaten straffrei überziehen.

Kennzeichenabdeckungen gegen Verschmutzung sind zulässig.

Es war ein heißer Sommertag Ende Juli. Wie immer in den Schulferien waren die Freibäder überfüllt, und auch wir merkten deutlich, dass Ferien waren: Es gab vormittags mehr Ladendiebstähle von Jugendlichen und Kindern. Harry und ich freuten uns, dass bald wieder die Schule beginnen sollte. Wir fuhren langsam durch die Innenstadt, betrachteten die leichtbekleideten Menschen und schwitzten uns in unseren Uniformen kaputt.

«Ich glaub, in Florida tragen die Kollegen kurze Hosen. Das wär's heute, ich laufe nämlich verstärkt aus», meinte Harry irgendwann.

Ich schmunzelte bei der Vorstellung, wie so manche unserer Kollegen in kurzen Hosen wohl aussehen würden.

Harry schob noch eine Bemerkung hinterher. «Allerdings müssten die Frauen dann auch kurze Röcke tragen, und das würde vermutlich so manchen Bürger zu einer Straftat verleiten, nur damit er festgenommen würde.»

Mitten in unsere Blödelei kam ein Funkspruch: «Toto, Harry, kleiner Unfall in einer Wohnstraße. Die Beteiligten werden sich irgendwie nicht einig, der Anrufer hat was von fehlenden Schuhen erzählt und war ganz aufgeregt.»

Wir fuhren zur gemeldeten Straße und fragten uns die ganze Zeit, was mit den fehlenden Schuhen wohl gemeint sein könnte.

«Das klingt eher nach einem verwirrten Anrufer. Wer weiß, was uns beide da mal wieder erwartet», sagte Harry.

Ich grübelte auch darüber. Vielleicht ging es neben dem Unfall auch noch um einen Diebstahl von Schuhen. Aber wie sollten dem Unfallfahrer die Schuhe abhandengekommen sein? Die ganze Fahrt über rätselten wir herum, doch als wir an der Unfallstelle in dem Wohngebiet ankamen, wurden wir schnell eines Besseren belehrt.

Ein älterer weinroter Audi stand schräg in einer Parklücke, vermutlich hatte er gerade losfahren wollen. Daneben befand sich ein gelber Mini, ein Cabrio bei diesem strahlenden Sommerwetter. Die beiden Kontrahenten hätten unterschiedlicher nicht sein können. Der Audi-Fahrer war knapp sechzig, er trug ein verwaschenes grünliches Hemd, hellblaue Shorts und braune Halbschuhe mit – ja, so leid es mir auch tut – Tennissocken. Die blonde Minifahrerin sah dagegen aus, als wäre sie einem Katalog für Bademoden entsprungen. Gelbes Bikini-Oberteil (das Outfit muss schließlich zum Auto passen) und dazu ultrakurze beigefarbene Shorts. An den Füßen trug sie nichts. Sie stand barfuß neben ihrem Mini und tänzelte hin und her. Kein Wunder, der Asphalt war bei den Temperaturen wahrscheinlich so heiß wie der Boden einer Pfanne auf dem Herd.

Als wir ausstiegen, rief die hübsche junge Dame schon von weitem: «Gut, dass Sie endlich kommen, der Boden wird mir langsam zu heiß hier. Außerdem will ich seit einer halben Stunde im Freibad liegen.»

Das konnten wir gut verstehen, und wir wären nur zu gerne mitgekommen. Natürlich ausschließlich wegen der hohen Temperaturen, versteht sich.

«Ja, ja, Freibad. Das können Sie sich erst mal abschminken, junge Frau», motzte der Audi-Fahrer genervt los. «Herr Wachtmeister, die ist mir einfach reingefahren. Ich habe meinen Audi jetzt seit vierzehn Jahren, noch nie hatte ich eine Beule und jetzt so was.» Verärgert schüttelte er sein schütteres Haar.

Die angesprochene Beule im Kotflügel war nicht wirklich groß, aber mit Lackieren und Stundenlohn belief sich der Schaden bestimmt auf knapp tausend Euro. An dem Cabrio war außer ein paar Kratzern kaum etwas zu sehen, die Stoßstange hatte sich in das Blech des Audis gebohrt.

«Was ist denn hier passiert?», sagte Harry ruhig und drehte sich zu der tänzelnden Blondine um. «Ladies first, also fangen Sie mal an.»

Damit entlockte er dem Audi-Fahrer ein verächtliches Stöhnen. Ob der Mann jetzt beleidigt war, dass seine Kontrahentin anfangen durfte, oder ob er sich über den Ausdruck «Ladies first» lustig machte, war unklar.

Die Cabriofahrerin ließ sich davon jedenfalls nicht beirren. «Ja, wie gesagt, ich will ins Freibad. Also steige ich hundert Meter die Straße runter in mein Auto und fahre los. Leider komme ich nur bis hierher, denn da fährt der Mann mit seinem Audi einfach aus der Parklücke, ohne zu gucken. Der hat mich offenbar gar nicht bemerkt. Gott sei Dank war ich noch nicht besonders schnell, wegen der Kinder fahre ich hier sowieso immer langsam, aber leicht gescheppert hat es dann doch. Und das Schönste an der Sache:

Der Herr meint jetzt auch noch, ich wäre schuld, da ich ihm reingefahren bin.»

Ohne Aufforderung legte nun der aufgebrachte Audi-Fahrer los. «Genau, die war erstens viel zu schnell, da kann sie erzählen, was sie will. Und zweitens fährt die barfuß!» Triumphierend schaute er uns an. Doch wir reagierten offenbar nicht so, wie er es sich vorgestellt hatte. Also wiederholte er das in seinen Augen böse Wort: «Barfuß!» Dabei zeigte er vorwurfsvoll auf die wirklich schön geratenen Füße der Bikini-Blondine.

«Ja, und jetzt?», meinte Harry nur trocken.

Der Audi-Fahrer verdrehte die Augen. «Muss ich Ihnen als Polizisten jetzt auch noch die Straßenverkehrsordnung erklären? Barfuß darf man nicht Auto fahren, weil man dann keine Kontrolle über den Wagen hat. Das müssen Sie am besten wissen.»

Allmählich wurde uns klar, worauf der Mann hinauswollte. Die Frau sollte schuld an dem Unfall sein, weil sie ihren Wagen ohne Schuhe nicht unter Kontrolle hatte. Deswegen hatte er dem Kollegen in der Leitstelle auch gleich von den fehlenden Schuhen erzählt.

«So leid es mir tut, das ist nicht verboten», sagte ich zu ihm. «Und jetzt mal zu dem Hauptgrund für den Unfall: Sie sind, ohne auf den fließenden Verkehr zu achten, aus der Parklücke gefahren und haben einen Unfall verursacht. Deshalb liegt die Schuld wohl eher bei Ihnen. Und genau das steht übrigens auch in der Straßenverkehrsordnung.»

Der Audi-Fahrer wurde zusehends sauer. «Ja, das ist ja klar. So eine halbnackte Schönheit kann man ja nicht bestrafen, die kommt mit ihrem Oberteil überall durch.»

Harry lächelte den Mann an. «Jetzt hören Sie gefälligst auf. Klar ist die junge Dame schön anzuschauen, aber das hat nichts mit dem Unfallhergang zu tun. Sie fahren aus der Parklücke, die Frau kann nicht mehr bremsen, und es kracht. Was soll sie denn machen? Und viel zu schnell, wie Sie behaupten, kann die Lady nicht gewesen sein. Immerhin gibt es keine Bremsspuren, und die Beschädigungen an den beiden Wagen sind denkbar gering. Bei höherer Geschwindigkeit sähe das gewiss anders aus.»

Doch der Mann gab keine Ruhe. «Barfuß auf den Pedalen, da hat man doch gar keinen Halt. Bestimmt ist die vom Bremspedal abgerutscht, und deshalb hat es gekracht. Herr Kommissar, Sie müssen doch wissen, dass das verboten ist.»

Ich erklärte ihm noch einmal die Sachlage. Solange der Fahrer ohne Schuhe keine Ausfallerscheinungen zeigt, ist alles in bester Ordnung.

«Der Ausfall ist der Unfall. Und das Ergebnis ist mein kaputtes Auto», beharrte der Mann in den Shorts verärgert.

Mürrisch kam der Audi-Fahrer der Aufforderung nach, Harry seine Papiere zu zeigen, und auch die junge Dame holte Führer- und Fahrzeugschein aus ihrem Wagen. Harry fragte kurz die Daten ab, dann tauschte er die Personalien zwischen den beiden Unfallgegnern aus.

Währenddessen hockte ich mich nochmal vor den Kotflügel und wollte den geknickten Herrn ein wenig aufmuntern. Es sah nämlich ganz so aus, als könnte man den Schaden mit Ausbeulen und Lackstift wieder hinbiegen. Da traf mich ein Sonnenstrahl mitten ins Auge und blendete schmerzhaft. Schnell schloss ich die Lider und fragte mich, was mich da geblendet hatte. Da entdeckte ich auch schon die Ursache: Der Audi-Fahrer hatte sein Kennzeichen mit einer Folie überzogen, und darin spiegelte sich die Sonne. Was natürlich hieß, dass sich der Blitz eines Radargeräts ebenfalls darin spiegeln und das Foto unbrauchbar machen würde.

Ich winkte den Audi-Fahrer zu mir. «Was haben Sie denn da mit Ihrem Nummernschild gemacht? Da ist ja eine Folie drauf.»

Der Tennissockenträger wurde sofort nervös. «Wie, Folie? Das habe ich nicht gemacht. Wo denn?»

Ich zeigte ihm den Spiegeleffekt. «Ach so, das ist gegen den Schmutz.»

«Das ist aber verboten», antwortete ich und bemerkte zufällig noch etwas anderes. «Übrigens, Ihr TÜV ist auch seit einem Monat abgelaufen.»

Der Unfallfahrer senkte den Kopf. «Toll, die fährt mir barfuß rein, und ich bin jetzt der Dumme.»

Harry schüttelte über so viel Uneinsichtigkeit den Kopf. «Das haben wir doch wohl ausführlich geklärt. Also, jetzt zu Ihnen. Das sind ja mittlerweile drei Verwarnungsgelder. Unfall verursacht, Nummernschild manipuliert und ein abgelaufener TÜV.»

«Ja, ja, ich hätte euch besser gar nicht angerufen, aus diesem Fehler werde ich lernen», schimpfte der Mann.

Harry meinte dazu nur: «Hoffentlich das Richtige.»

Die Dame verabschiedete sich. «Ich freue mich aufs kalte Wasser, viel Spaß noch im Dienst», meinte sie. Dann stieg sie grinsend in ihr Cabrio und fuhr zum Freibad.

Der Audi-Fahrer bekam seine drei Knöllchen und stellte den Wagen zurück in die Parklücke. «Ich wollte eigentlich in die Spielhalle, aber dafür habe ich dank Ihnen jetzt kein Geld mehr.» Ohne sich zu verabschieden, verschwand er in einem Hauseingang.

Wir stiegen völlig durchgeschwitzt in den Streifenwagen.

«Komm, wir fahren zur Wache und ziehen uns erst mal ein frisches Hemd an», sagte Harry. «Und trinken ein bis zwei Liter kalte Cola.»

Fazit

Barfuß darf ich nicht Auto fahren.

Es gibt kein Gesetz, das verbietet, im Sommer (oder auch im Winter, wenn's Ihnen gefällt) barfuß oder mit Flipflops Auto zu fahren. Der Fahrzeugführer ist laut Straßenverkehrsordnung lediglich dazu verpflichtet, dafür zu sorgen, dass die Besetzung und Ladung des

Fahrzeugs die Verkehrssicherheit nicht beeinträchtigen. Es liegt also im Ermessen des Fahrzeugführers, ob er sich in der Lage fühlt, barfuß oder mit offenen Schuhen verkehrssicher Auto zu fahren. Die andere Seite der Medaille ist es, wenn es beispielsweise durch einen Unfall zu einem Schadensfall kommt. Hier kann die Versicherung die Zahlung von Geldern verweigern, wenn sich dem Fahrer grobe Fahrlässigkeit vorwerfen lässt. Diese Regeln gelten auch für Fahrradfahrer, nicht aber für Berufskraftfahrer. Letztere sind dazu verpflichtet, Schuhwerk zu tragen, das die Füße fest umschließt.

TÜV und AU darf ich bis zu zwei Monaten straffrei überziehen.
Laut Verwarn- und Bußgeldkatalogen wird eine Überziehung eigentlich erst nach zwei Monaten geahndet. Bereits der erste Tag einer Überziehung stellt allerdings eine Ordnungswidrigkeit dar und kann nach dem Ermessen der Beamten durchaus mit einem Verwarnungsgeld geahndet werden.

Kennzeichenabdeckungen gegen Verschmutzung sind zulässig.
Amtliche Kennzeichen an Fahrzeugen dürfen nicht verdeckt werden – auch nicht durch Folien. Diese werden nämlich meist als Schutz vor Radarfallen missbraucht. Verstöße können deshalb als Ordnungswidrigkeit nach der Straßenverkehrsordnung und in manchen Fällen sogar als Straftat geahndet werden, wenn die Beamten dem Fahrer den Vorsatz, Radarkontrollen manipulieren zu wollen, nachweisen können.

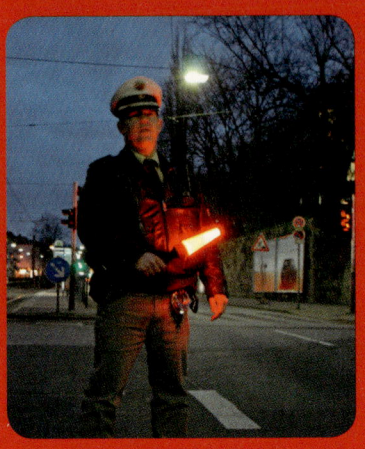

Das Bierglas muss nicht genau bis zum Eichstrich voll sein.

Es gibt immer wieder kleine und trotzdem kuriose Einsätze, die selbst einen gestandenen Schutzmann zum Kopfschütteln oder Schmunzeln bringen.

Wenn dann auch noch das «Rahmenprogramm» entsprechend ausfällt, bleiben einem diese Einsätze ein Leben lang in Erinnerung. So etwas passierte uns unlängst im Bochumer «Bermudadreieck». Das Viertel in der Innenstadt ist weit über die Grenzen der Stadt hinaus bekannt und beliebt. Auf engstem Raum findet man hier unzählige Bars, Kneipen und Restaurants.

Gerade am Wochenende sind die Straßen immer wieder Anziehungspunkt für die Menschen aus der gesamten Region, denn hier findet jeder einen Ort, der seiner Wohlfühlvorstellung entspricht. Natürlich sind hier auch schon viele Menschen gnadenlos versackt, deshalb entstand auch irgendwann der Name «Bermudadreieck». Im Sommer herrscht in den Biergärten vor den Lokalen meist bis tief in die Nacht oder sogar bis zum frühen Morgen buntes Treiben, und man kommt sich vor wie beim Sommerschlussverkauf im Dunkeln, so voll ist es.

Brechend voll war es auch an jenem extrem warmen Samstagabend im August vor einigen Jahren, als wir im Streifenwagen unterwegs waren und Schwierigkeiten hatten, uns einen Weg durch die dichtgedrängten Menschenmassen zu bahnen. Plötzlich sprang etwas vor uns auf die Straße, das aussah wie ein überdimensionales Huhn.

Das seltsame Wesen ruderte wild mit den Armen und schrie lauthals: «Stopp, stopp!»

Toto und ich schauten uns verwundert an, dann mussten wir beide erst mal laut loslachen. Fast zeitgleich sprach Toto aus, was wir beide dachten: «Jetzt drehen sie aber langsam durch. Was ist das denn, und was will es?»

Als ich den Wagen stoppte, rannte das «Huhn» zur Beifahrerseite und klopfte aufgeregt gegen die Scheibe. Die ungewöhnliche Verkleidung war wirklich völlig verrückt, überall am offenbar nackten Oberkörper hingen weiße, kleine Federn, und im Gesicht klebte ein riesiges gelbes Stück Plastik.

Toto drückte auf den Knopf des Fensterhebers. Als sich die Scheibe langsam senkte, fragte er, immer noch grinsend: «Ja bitte! Was können wir denn für Sie tun, Herr Hahn?»

«Hallo! Ich bin der Malte, und wir feiern heute meinen Junggesellenabschied», antwortete die gefiederte Gestalt leicht angetrunken. «Sie können sich ja denken, dass ich sonst nicht so rumlaufe. Aber egal, hier vorne in der Kneipe brauchen wir Ihre Hilfe. Wir sind mit zehn Freunden dort, und der Wirt will uns bescheißen, wirklich. Könnten Sie mal bitte mitkommen?»

Ich sah mir den «Vogel» daraufhin etwas genauer von unten nach oben an. Malte trug knallrote Turnschuhe mit gelben Schnürsenkeln und eine hauteng weiße Balletthose. Sein Oberkörper war wirklich unbekleidet, dafür aber übersät mit weißen Daunenfedern. Wie uns Malte kurz darauf erklärte, trug er den Inhalt eines kompletten Oberbettes mit sich herum.

«Damit die Daunen auf meinem nackten Oberkörper auch hängen bleiben, haben die Drecksäcke mich vorher komplett mit Honig eingeschmiert», schilderte er uns.

Als Krönung des Kunstwerkes hatten sie ihm auch noch einen übergroßen gelben Plastikschnabel auf die Nase geklebt und ihm die Haare mit Unmengen von Gel und mindestens zwei Flaschen Haarspray zu einem Hahnenkamm modelliert. Das Ganze hatten sie dann auch noch rot eingefärbt. Ich habe wahrlich schon viele Junggesellenabschiede im Bermudadreieck beobachtet, und fast jeder scheidende Single musste sich irgendwie zum Affen machen, aber kein Junggeselle sah je so albern aus wie Malte.

Ich konnte nicht anders. «Malte, Hut ab!», sagte ich. «Das haben deine Freunde wirklich richtig gut hinbekommen. Auch wenn du sie seit heute vielleicht ein wenig hasst.»

Doch der junge Mann lachte nur und meinte: «Die werden sich noch wundern, ich bin der Erste, der heiratet, und kann mich noch zehn Mal rächen.»

Damit ging er los und führte uns in die Gaststätte, in der er mit seinen Kumpels das Ende seiner Eigenständigkeit begießen wollte. Als wir den Raum betraten, fühlten sich einige Freunde von Malte bemüßigt, uns mit einem kleinen Ständchen zu empfangen. Lauthals und nur noch schwer verständlich grölten sie: «Fahr mit im grün-weißen Partybus ...»

Malte fiel es zwar schwer, sich gegen den Lärm seiner Freunde durchzusetzen, aber er deutete auf einen Stehtisch und brüllte: «Sehen Sie hier, deshalb hab ich Sie geholt. Das hier ist mein Bierglas, und daneben steht das Glas von meinem Kumpel Sören. Verstehen Sie, was ich meine?»

Leider konnten wir Malte nicht ganz folgen und zuckten beide die Schultern. Erstens war der Lärm unerträglich, zweitens war es schummerig in der Kneipe und drittens schwülwarm. Da soll einer verstehen, was die angetrunkene Bande von einem will.

Doch Malte gab nicht auf. «Na, da!» Er tippte mit dem Zeigefinger auf den Eichstrich des Bierglases. «Das Glas ist überhaupt nicht voll! Das von meinem Kumpel auch nicht und die Gläser von den drei anderen Jungs erst recht nicht. Das ist doch der totale Beschiss! Der Wirt betrügt uns pro Glas locker um zwanzig Cent. Damit macht er über den Abend verteilt einen guten Schnitt, und zwar auf unsere Kosten.»

Ein blonder junger Mann rief dazwischen: «So blau sind wir noch nicht, dass wir das nicht merken, da hat der Wirt sich aber die Falschen ausgesucht.»

Tatsächlich merkten Toto und ich bei genauerer Betrachtung der Gläser, dass sich die Bierpegel deutlich unterhalb der Eichstriche befanden.

«Das geht schon den ganzen Abend so», fügte Sören hinzu. «Der hat bestimmt literweise Bier dadurch gespart.»

Malte stemmte die Hände in die Hüften. «Also, jetzt mal ehrlich, die Herren von der Polizei. Müssen wir uns das gefallen lassen?»

Aus Totos Mund war daraufhin ein kurzes und knackiges «Nein!» zu vernehmen. Dann fügte er hinzu: «Aber nur, wenn ihr nicht abgetrunken habt. Ihr müsst schon ehrlich sein.»

Malte und seine Truppe machten ein ernstes Gesicht. «Unser Ehrenwort, sonst hätte ich Sie doch nicht geholt», meinte der Bräutigam in spe.

Daraufhin wühlte sich Toto durch die feiernde Menge. Ich konnte sehen, wie er sich am Tresen dem Wirt zuwandte, um ihn nach seinem Standpunkt zu befragen. Es entbrannte ein kurzes Wortgefecht, dann blickte der Kneipenbesitzer plötzlich erschrocken zu Boden und drehte sich zum Zapfhahn. Toto drängte sich noch einmal durch die Gästeschar und kam schwitzend bei mir und Malte an.

«So, der Herr Wirt war anfangs nicht so richtig einsichtig. Das könne in der Hektik schon mal passieren, meinte er nur. Als ich ihm erklärt habe, dass sich das Ordnungsamt ganz sicher für diesen Betrug am Kunden interessiert, hat er allerdings sofort Freibier für den Junggesellenabschied ausgelobt. Gleich kriegt ihr ein volles Tablett mit frischem Gerstensaft.»

Malte und seine Freunde jubelten laut auf. Da kam auch schon der Wirt höchstpersönlich mit dem Tablett an und stellte es auf dem Stehtisch ab. Dass die Gläser diesmal sogar bis über den Eichstrich gefüllt waren, erstaunte uns nicht.

«'tschuldigung, das ist hier eigentlich nicht üblich», sagte er. Dann wandte er sich an Toto: «Sie können mir ruhig das Amt vorbeischicken, hier ist alles in Ordnung, das war ein Versehen. Ich weiß doch, dass ich sonst 'ne dicke Geldstrafe riskiere.» Damit ging er zurück zum Tresen.

Der alberne Gockel Malte und seine Freunde prosteten uns zu und waren sichtlich zufrieden. Als wir uns nach getaner Arbeit verabschieden wollten, hielt er uns an den Armen fest und meinte: «Ihr seid echt Freunde und Helfer. Vielen Dank nochmal! Ich heirate schon übermorgen. Wenn ich euch zu meiner Hochzeit einladen darf? Wäre doch 'ne coole Nummer, wenn ihr kämt. Und meine Frau ist ein echter Knaller, die müsst ihr gesehen haben.»

Wir lehnten dankend ab. «Das ist sehr nett, aber feiert mal schön ohne uns. Ihr könnt ja ein Bier auf uns trinken.»

Malte lachte und drehte sich wieder zum Stehtisch, während wir uns erneut durch die Massen kämpften und die Kneipe verschwitzt, aber grinsend verließen.

«Der Wirt hatte die Hosen ja mal ordentlich voll, als er das Wort ‹Ordnungsamt› gehört hat. Der alte Trick funktioniert echt immer wieder. Überleg mal, der haut hier am Abend bestimmt fünftausend Gläser Bier raus. Wenn der an jedem Glas nur zehn Cent spart, sind das fünfhundert Euro zusätzlicher Gewinn. Wollen wir hoffen, dass ihm das eine Lehre war. Sonst sagen wir dem Ordnungsamt wirklich mal Bescheid. Und dann wird der Herr Wirt den lustigen Gockel nie mehr vergessen.»

Ich grinste. «Stimmt, genau wie wir. Federn auf Honig, das ist echt die größte Schweinerei, die ich bisher erlebt habe. Aber man muss schon sagen: verdammt gute Idee.»

Fazit

Die Rechtslage ist in diesem Fall eindeutig: Wer zum Beispiel ein 0,3-Liter-Glas Bier bestellt, der hat auch einen Anspruch darauf, ein Glas mit 0,3 Litern Bier zu erhalten. Der Gerstensaft muss den Füllstrich (so heißt er nämlich richtig, da Gläser nicht geeicht sind) erreichen, schließlich zahlt der Kunde auch die bestellten 0,3 Liter und nicht 0,28 Liter.

Der Füllstrich ist eine Kennzeichnung auf Schankgefäßen, der die zwingende Füllhöhe per Zahlenwert und Maßeinheit sowie Herstellerkennzeichen angibt. Übrigens ist auch die Größe des Füllstrichs in Deutschland genau geregelt: Er muss waagerecht und mindestens zehn Millimeter lang sein. In der Gastronomie dürfen nur Gläser mit Füllstrich verwendet werden, weil sonst der Gast keine Kontrollmöglichkeit hätte.

Bin ich jetzt schuld? Zum Beweis müssen die Autos stehenbleiben. Ein jeder Unfall muss durch die Polizei aufgenommen werden.

Im Bereich des Verkehrsrechts, insbesondere bei Verkehrsunfällen, sind Irrtümer und Fehlverhalten weit verbreitet, da die meisten Menschen sich in einer solchen Situation völlig hilflos und überfordert fühlen. Diese Empfindung wird häufig noch durch einen kleinen Schock verstärkt. Aber wer bereitet sich auch schon auf einen Unfall vor?

Nehmen wir also einfach mal einen x-beliebigen Verkehrsunfall, wie wir beide ihn bestimmt schon über hundert Mal auf Bochums Straßen aufgenommen haben, besonders abends in der Dämmerung oder wenn es stark regnet, um die wichtigsten Fragen zu klären.

Es passierte an einem Montagvormittag. Eine junge Frau war mit ihrem roten Ford Fiesta auf dem Weg zur Uni. Sie war spät dran, wollte den Vorlesungsbeginn nicht verpassen und übersah in der Eile den bremsenden Mercedes vor ihr. Dass die Ampel auf Gelb umgesprungen war, hatte die Fahrerin leider nicht bemerkt. Es kam, wie es kommen musste: Sie erschrak, stieg auf die Bremse, die Reifen quietschten, aber leider war es bereits zu spät. Der Bremsweg reichte nicht mehr aus, und es krachte. Obwohl, es krachte gar nicht wirklich, sondern rumste vielmehr. So klingt zumindest in meinen Ohren das unangenehme Geräusch von splitternden Scheinwerfern und Blinkern, gemischt mit dem kreischenden Verformen des Metalls. Jeder, der schon mal in einen Unfall verwickelt war, kennt dieses Geräusch, das einem durch Mark und Bein geht.

Aus dem Mercedes sprang ein gutgekleideter Geschäftsmann, der ganz offensichtlich stinksauer war und lautstark lospolterte. Der jungen Studentin schossen vor Schock und Wut die Tränen in die Augen. Das Auto kaputt, kein Geld für einen neuen fahrbaren Untersatz, und jetzt verpasste sie auch noch die wichtige Vorlesung an der Uni. Zu allem Übel nahm der Mercedes-Fahrer auch noch sein schickes Handy aus der Manteltasche und sagte bestimmt: «Ich ruf erst mal die Polizei, nicht dass ich hinterher den Schaden nicht ersetzt bekomme. Wer weiß, was Sie sonst alles behaupten.»

Die Wahrheit war jedoch eine andere: Die lackierte Stoßstange des Mercedes war verkratzt und leicht verbeult, der Fiesta dagegen sah deutlich schlechter aus. Das ist nicht selten das Ergebnis, wenn ein Kleinwagen gegen die Oberklasse prallt.

An dieser Stelle kamen wir ins Spiel. Über Funk vernahmen wir den bei allen Kollegen nur zu gut bekannten Einsatzgrund. «VU ohne», gab der Kollege durch, «direkt auf dem Ring, und zwar an der großen Ampelkreuzung beim Gericht.»

«VU ohne» ist waschechtes Polizeideutsch und heißt übersetzt: Verkehrsunfall ohne Personenschaden.

Wir fuhren also mit unserem Streifenwagen los, diesmal ohne

Blaulicht und Martinshorn. Ein Blechschaden hat schließlich keine Dringlichkeit, auch wenn das die Betroffenen manchmal ganz anders sehen.

«Bestimmt hat mal wieder einer gepennt», meinte Toto nur und trat aufs Gas.

Da wir gerade am Stadtrand einen Einbruch aufgenommen hatten, dauerte die Fahrt zum Unfallort ein wenig länger als gewöhnlich. Unbekannte Täter hatten in einem Mehrfamilienhaus alle zwanzig Kellerverschläge aufgebrochen und nach wertvollen Dingen gesucht. Außer einer Bohrmaschine, einem Mountainbike und ein paar Flaschen Wein war den Einbrechern jedoch zum Glück nichts in die Hände gefallen. Trotzdem war der Schaden beträchtlich, schließlich waren alle Kellertüren beschädigt. Inzwischen waren wir seit fast zehn Minuten unterwegs zur Unfallstelle, und so gut wie jede Ampel zeigte Rot. In der Zwischenzeit hatte sich hinter den beiden demolierten Autos natürlich schon ein beträchtlicher Stau gebildet, durch den wir uns nun ebenfalls erst mal quälen mussten, ehe wir mit unserer Arbeit beginnen konnten.

Leider stellen wir immer wieder fest, dass viele Autofahrer ihr Fahrzeug nach einem Unfall einfach an Ort und Stelle stehenlassen, statt es zu versetzen. Auch diesmal blockierten die Unfallwagen beide Fahrstreifen. Dabei sollte jeder wissen: Wer die Autos nach einem Unfall einfach stehenlässt, verursacht oftmals massive Verkehrsbeeinträchtigungen für die anderen Autofahrer und nicht zuletzt für die Kollegen, die zur Unfallstelle gerufen werden.

Schon so mancher Bagatellunfall mit gerade mal fünfhundert Euro Schaden hat am Ende den Berufsverkehr völlig zusammenbrechen lassen. Die StVO (Straßenverkehrsordnung) sieht vor, dass jeder Unfallbeteiligte den Verkehr zu sichern und bei geringfügigem Schaden unverzüglich beiseitezufahren und die Straße wieder frei zu machen hat. Eine Vorschrift, die kaum ein Autofahrer kennt, die jedoch bei Nichtbeachtung unangenehme Folgen hat: Etwa kann die Polizei diese Ordnungswidrigkeit mit einem Verwarnungsgeld ahnden. Meist belassen wir es allerdings bei einer mündlichen Verwarnung.

Nachdem der Fahrer eines blauen Kombis einen langen Blick auf die beiden demolierten Autos geworfen hatte und endlich weiterfuhr, kamen wir an der Unfallstelle an.

«Ich glaub, ich bin schuld», meinte die Studentin genervt und schuldbewusst zugleich und trat auf uns zu. «Die Ampel ist gerade auf Gelb gesprungen, da hat der Mercedes-Fahrer auch schon eine Vollbremsung hingelegt. Ich bin ihm halt draufgefahren, das ist wohl mein Pech.»

Toto nickte: «In Ihrem Fall ist die Sachlage schon eindeutig.»

Die Frage nach dem Unfallverursacher zu klären war diesmal tatsächlich einfach. Zugegebenermaßen gelingt uns das bei strittigen und unterschiedlichen Schilderungen des Unfallhergangs nicht immer, vor allem nicht so schnell. Schließlich müssen wir uns auf die Angaben der Beteiligten und die Aussagen eventueller Zeugen verlassen. Aufgrund der Schilderungen, der Spuren an der Unfallstelle und des Schadensbildes an den beteiligten Autos können wir jedoch in den allermeisten Fällen gut nachvollziehen, wie sich der Unfall zugetragen haben könnte.

Ich lächelte die immer noch schockierte Studentin zuversichtlich an. «Sie müssen stets so viel Abstand zu Ihrem Vordermann halten, dass Sie jederzeit bremsen können und Ihr Auto rechtzeitig zum Stillstand bringen. Leider reicht es manchmal, wenn man nur eine Millisekunde unaufmerksam ist, und schon kracht es. Dann hat man einen Unfall verursacht, auch wenn man eigentlich nichts falsch gemacht hat. Aber seien Sie froh, wenigstens ist niemand verletzt.»

Empört meldete sich der Geschäftsmann zu Wort. «Schöner Mist, schauen Sie sich das mal an, alles kaputt.»

Toto musterte ihn. «Aber wohl eher bei der jungen Dame, nicht bei Ihnen», entgegnete er.

Das war erneut das Stichwort für den meckernden Mercedes-Fahrer. «Mein Wagen ist jetzt bestimmt verzogen, so wie das gescheppert hat. Die ist mir voll draufgerast.»

«Draufgerast sieht anders aus, außerdem hat die junge Dame ihre Schuld ja eingestanden», entgegnete ich und schüttelte den Kopf. «Machen Sie also bitte erst mal die Straße frei, der Verkehr staut sich fast schon bis zum Bahnhof. Wir haben ja jetzt alles gesehen.»

Der Geschäftsmann wirkte fassungslos. «Wie, wegfahren? Machen Sie erst mal Fotos, nicht dass ich nachher auf meinem Schaden sitzenbleibe.»

«Das werden Sie ganz sicher nicht, fahren Sie jetzt bitte da vorne in die Parkbucht, dann sehen wir weiter.»

Dass ich in der Zwischenzeit bereits ein Foto gemacht hatte, war dem aufgebrachten Mann wohl entgangen. Artig fuhr er seinen Mercedes beiseite, und auch die Studentin parkte hinter ihm ein.

Danach ließen wir uns von beiden den Unfallhergang schildern. Bald war klar, dass die Studentin die ermittelte Unfallverursacherin war, und wir trugen sie auf dem Unfallbogen als erste beteiligte Person ein. Nach ersten Ermittlungen ist immer der «zu eins Genannte» schuld, wie es im Polizeijargon so schön heißt. Wenn wie im vorliegenden Fall die junge Studentin aufgrund ihrer Unaufmerksamkeit den Unfall verursacht hat, so hat sie auch eine Ordnungswidrigkeit nach der Straßenverkehrsordnung begangen. Das ist für uns stets ein unangenehmer Moment, denn wir verstehen auch die Autofahrer, die das meist nicht nachvollziehen können. Da sind sie schon schuld an dem Crash, müssen mit einer Erhöhung der Versicherungsbeiträge rechnen, haben eine Menge Schreibkram zu erledigen, und dann verhängt ihnen die Polizei auch noch ein Knöllchen.

Nicht selten fallen in solchen Momenten Sätze wie: «Ich habe doch jetzt schon genug Ärger und ein kaputtes Auto, können Sie da nicht vielleicht ein Auge zudrücken?» Das können wir leider nicht, denn als Polizeibeamte sind wir verpflichtet, Verkehrsverstöße zu ahnden, vor allem wenn es dadurch zu einem Unfall gekommen ist. Sonst haben wir nämlich hinterher großen Ärger, wenn es herauskommt. Seien Sie also den werten Kollegen nicht böse, wenn Sie sich mal in einer solchen Situation befinden – der vor Ihnen stehende Polizist ist ganz sicher kein Unmensch, sondern hat nun mal seine Vorschriften.

Toto lächelte die junge Frau entschuldigend an. «Jetzt kriege ich noch fünfunddreißig Euro von Ihnen, weil Sie den Unfall verursacht haben.»

Die Studentin starrte Toto ungläubig an. «Das war doch keine Absicht, und ich war auch nicht zu schnell», rief sie verzweifelt.

«Das denken wir auch nicht. Aber Sie haben offensichtlich etwas falsch gemacht, sonst hätte es nicht gekracht», erklärte Toto ihr geduldig.

Bezahlen muss man die Strafe zum Glück nicht sofort, man kann auch eine Zahlkarte mitnehmen. Einfacher ist es dennoch vor Ort mit der EC-Karte, zum einen kommen dann keine Verwaltungskosten dazu, zum anderen ist die Sache damit erledigt.

Nachdem alles geklärt war, verabschiedete sich der mittlerweile wieder ruhige Geschäftsmann, die Studentin dagegen konnte nicht weiterfahren. Zu allem Übel lief jetzt auch noch Kühlflüssigkeit aus, und wir mussten ihr einen Abschleppwagen bestellen. Die junge Frau war den Tränen nah.

«Jetzt kriege ich meinen Leistungsnachweis bestimmt nicht», jammerte sie.

«Sie haben doch unser Unfallprotokoll, das überzeugt sicher jeden Professor», versuchte ich sie zu beruhigen. «Und wenn er Ihnen nicht glaubt, dann kann er gerne uns anrufen.»

Endgültig geklärt wird die Schuldfrage bei strittigen Verkehrsunfällen immer bei Gericht, etwa wenn der vermeintliche Verursacher die Schuld nicht eingesteht oder es gegensätzliche Aussagen gibt. Oftmals werden dann Sachverständige eingeschaltet, die alle Unfallspuren genau auswerten und daraus mit wissenschaftlichen Methoden den Unfallhergang oder die Geschwindigkeit der beteiligten Fahrzeuge ermitteln. Leider ist das nicht selten ein teurer Spaß, denn ein solches Gutachten kostet oft mehrere tausend Euro. Allerdings kann der Richter ohne Gutachten nicht entscheiden, wer den Unfall verschuldet hat.

Bei Bagatellunfällen ist die Straße jedenfalls so schnell wie möglich frei zu machen. Falls Zweifel bestehen, schießen Sie einfach ein paar Fotos oder zeichnen die Standorte der Autos an. Dabei sollten Sie an jeden Reifen einen Strich machen, dann wissen wir später, wie die Autos standen. Bei schweren Unfällen müssen die Wagen natürlich stehenbleiben, aber meist stellt sich die Frage dann gar nicht, weil die Autos nicht mehr fahrbereit sind.

Müssen Sie wegen der Versicherung in jedem Fall die Polizei zur Unfallaufnahme rufen? Nein, dazu besteht grundsätzlich keinerlei Verpflichtung. Die Unfallbeteiligten können sich auch untereinander einigen und ihre Personalien, die Fahrzeugdaten sowie alle wichtigen Versicherungsunterlagen schriftlich austauschen. Dafür gibt es ja auch extra die grüne Versicherungskarte, die Sie immer dabeihaben sollten. Viele Menschen haben inzwischen einen Fotoapparat im Handschuhfach liegen oder ein Fotohandy. Eine Aufnahme, die eventuell später als Beweis vor Gericht gelten kann, schadet nie. Nicht wenige Fahrer geben am Unfallort ihre Schuld nämlich erst unumwunden zu und wollen später nichts mehr davon wissen.

Anders ist es manchmal bei Leasingfahrzeugen, Leihwagen oder Firmenwagen. Häufig ist der Fahrer vertraglich verpflichtet, die Polizei zu rufen, ansonsten bekommt er Probleme bei der Schadensregulierung. Außerdem ist es natürlich jedem freigestellt, die Polizei zur Unfallaufnahme hinzuzuziehen. Gerade wenn im anderen Wagen vier Leute sitzen, und Sie sind allein, sonst stehen später vier Aussagen gegen eine. Falls Sie jetzt denken, Sie müssten unseren Einsatz bezahlen, seien Sie beruhigt: Die Polizei kommt immer gratis. Außer Sie rufen uns ohne Grund oder aus Spaß, dann kann es schon mal teuer werden.

**Wenn die Hure schlecht war,
bekomme ich mein Geld zurück.**

Die Einsätze im Bochumer Rotlichtmilieu, dem sogenannten Eierberg, haben auch nach vielen Dienstjahren als Polizist noch einen ganz speziellen Charakter. Man hat jedes Mal das Gefühl, in eine andere, fremde Welt einzutauchen. Eine Welt mit schrillen Farben und blinkenden Lämpchen, zwischen nackter Haut, betrunkenen Freiern und tragischen Schicksalen. Der Bochumer «Puff», wie es im Volksmund heißt, liegt in unmittelbarer Nähe des ehemaligen Betriebsgeländes der ThyssenKrupp AG.

Auf beiden Seiten der Straße stehen mehrgeschossige Häuser, und das grobe Kopfsteinpflaster ist schon so manchem Nachtschwärmer zum Verhängnis geworden, vor allem wenn es geregnet hat und man besonders leicht darauf ausrutscht. Am Abend, wenn es dunkel wird, sind die Häuser mit den großen Fenstern dank vieler Neonröhren in sanftes Rot und kaltes Grün getaucht, und die Schatten der scheinbar ziellos umherziehenden Freier zeichnen sich schemenhaft auf dem Straßenpflaster ab. Ohne die milieutypische Beleuchtung könnte man meinen, man befinde sich in einem Wohnviertel am Stadtrand. Sobald man jedoch auch nur einen Fuß in die Gasse setzt, klopfen die ersten Damen von innen gegen die Scheiben, und die Atmosphäre fängt einen ein.

Zwischen achtzehn und fünfundsechzig Jahren ist hier einfach alles vertreten: alle Haarfarben, alle Körbchengrößen, dazu Tätowierungen, Piercings und Körper von mager bis mollig. Die Huren kommen aus Brasilien, Thailand und Russland, aber auch aus der Nachbarschaft. Unter ihnen sind nicht wenige Hausfrauen und Studentinnen, deren Familien nicht wissen dürfen, wie sie ihr Geld verdienen, und auch gerne mal der eine oder andere Transvestit. Natürlich sieht man am Eierberg auch so manche gezeichnete Frau mit leerem Blick, die viel zu früh an die falschen Männer geriet und aus diesem Teufelskreis zwischen Drogen, Gewalt und Geld nun nicht mehr herauskommt. Ebenso Frauen, die ihren Kummer und den täglichen Ekel vor den betrunkenen und perversen Freiern mit Alkohol herunterspülen.

Die leichtbekleideten Damen stehen oder sitzen auf Barhockern hinter lebensgroßen Fensterfronten, den sogenannten Koberfenstern, und bieten ihren Körper an, teilweise verharren sie stundenlang reglos und warten auf Freier. Tritt ein Mann näher heran und zeigt so sein Interesse, öffnet die schlanke Blondine oder dralle Rothaarige das Fenster, und die Verhandlungen über den Preis und die dafür zu erwartende Leistung beginnen. Wird man sich einig, öffnet sie die Tür, und der Kunde betritt das kleine Haus. Die Zimmer sehen übrigens alle ziemlich ähnlich aus: ein Bett, bunte Birnchen, plüschige Herzen und die obligatorische Rolle Küchentücher neben dem Schälchen mit den Kondomen.

Bevor der Kunde überhaupt den Gürtel öffnen kann, kassiert die Hure den Liebeslohn. Es wird grundsätzlich im Voraus bezahlt, vermutlich gäbe es sonst über hundert Einsätze pro Nacht, weil die Freier hinterher nicht bezahlen wollen. Der zeitliche Rahmen für die «horizontale Dienstleistung» liegt für eine einfache Nummer bei etwa einer Viertelstunde. Bis dahin sollte Mann fertig und möglichst auch gekommen sein.

Doch oftmals ist der Freier mit der erbrachten Leistung nicht zufrieden, und es kommt zu lautstarken Beschwerden, die heutzutage durch die Polizei geregelt werden müssen. Früher erledigte das der Zuhälter oder Türsteher, da gab es dann schon mal ein blaues Auge oder eine blutige Nase. Da das Rotlichtmilieu mittlerweile ein legales Gewerbe mit Steuererklärung geworden ist, kommen wir Polizisten immer öfter zum Einsatz.

So auch bei einem unserer Nachteinsätze, bei dem wir zum Haus Nummer sieben gerufen wurden. Die Leitstelle funkte uns den für den Eierberg üblichen Einsatzgrund durch: «Es gibt im Puff mal wieder Streit mit einem Kunden. Der Gast will das Etablissement nicht verlassen, er ist wohl laut und aggressiv, und es gibt Streit ums Geld. Klärt das mal.»

Als wir eintrafen, erwartete uns eine extrem jugendlich wirkende Dame mit langen blonden Haaren. Sie trug einen schwarzen Tanga und einen dazu passenden, offensichtlich viel zu engen BH. Oder vielmehr anders herum: Die vermutlich vom Chirurgen modellierten Brüste mit Körbchengröße D waren eindeutig zu groß für das bisschen Stoff. Die mit schwarzen Strapsen und Netzstrümpfen überzogenen, unglaublich langen Beine endeten in hochhackigen schwarzen Stiefeln.

Die Hure zitterte am ganzen Körper, und ihre Stimme klang schrill. Wie sich schnell herausstellte, war Diana, so ihr «Künstlername», noch neu im Gewerbe und daher mit der Situation ein wenig überfordert. Da hatten wir offenbar mehr Erfahrung. Sie schilderte uns, dass sie mit einem Freier handelseinig geworden sei, und klang auf einmal schon deutlich selbstbewusster und sicherer. «Der wollte, dass ich ihm zuerst einen blase. Und Jungs, eins sag ich euch, das ist 'ne feine Sache, darin bin ich Profi. Bei mir hat sich jedenfalls noch keiner beschwert, dienstlich nicht und privat auch nicht.» Danach wollte der Kunde angeblich auch noch normalen Verkehr, alles zusammen für fünfzig Euro. Gemeinsam waren die beiden dann laut ihrer Aussage in das Zimmer Nummer 3 gegangen und hatten sich nach erfolgter Bezahlung beide ausgezogen. Die ersten Probleme gab es, als der Gast ein Kondom überstreifen sollte, denn entgegen allen Regeln verlangte er ungeschützten Sex von Diana.

«Der Kerl meinte doch glatt dreist zu mir: ‹Im Mund kannste dich nicht anstecken.› Da hätte ich ihn schon rausschmeißen sollen», schilderte sie den Hergang der Ereignisse. Nach einigem Hin und Her ließ der Mann sich dann doch überzeugen und benutzte das Kondom. Danach sei es zu den vereinbarten Sexpraktiken gekommen, und sie habe sich zwanzig Minuten lang ohne Erfolg bemüht. «Ich hatte schon beinahe Blasen an der Lippe. Jungs, ich habe wirklich alles gegeben, meine Zunge hat Lambada getanzt, aber bei dem Typ passierte einfach nichts. Ich kann echt nichts dafür, dass der Kerl impotent ist.»

«Nun mal ganz ruhig», erwiderte ich und betrachtete den Mann.

Der saß nackt auf dem Bett, das benutzte Kondom noch immer auf seinem mittlerweile wieder geschrumpften Genital. Damit wollte er uns wohl beweisen, dass er nicht gekommen war, denn es befand sich kein Tropfen Flüssigkeit darin. Die fünfzig Euro lagen auf einem Regal über dem Bett mit der pinkfarbenen Wäsche mit großen und kleinen Herzen.

«Ziehen Sie sich bitte erst mal wieder an», forderte Toto den Mann auf.

Ich fügte noch hinzu: «Wir haben ja jetzt alles gesehen, das reicht uns.»

Wutentbrannt sprang er auf, riss sich das Gummi von seinem

besten, wenngleich schlaffen Stück und schleuderte es quer durch den Raum. Es landete an einem Spiegel über einem Waschbecken und fiel danach auf den Wasserhahn.

Da wurde die Hure laut. «Jetzt mach hier auch noch alles dreckig, du dämlicher Idiot», keifte sie.

«Halt die Klappe, du Schlampe», brüllte der Freier zurück. Du bist 'ne absolute Null, und dafür bezahl ich keinen Cent. Mich ziehst du nicht übern Tisch.»

Toto nahm den Freier vorsichtshalber beiseite, damit er nicht handgreiflich werden konnte. «So, jetzt ist aber Ruhe hier, und Sie ziehen sich gefälligst an. Danach gehen wir beide ganz friedlich raus, und Sie erzählen mir Ihre Version. Sonst werde ich gleich sauer, und das kann unangenehm für Sie werden.»

Der Mann zeigte sich einsichtig und ging zu seinen Kleidern, die über einem Stuhl hingen.

Toto guckte mich an und sagte: «Du bleibst solange hier bei der aufgeregten Dame, und dann schauen wir zwei mal, ob das nicht auch ruhiger und friedlicher geht.»

Nachdem Toto und der pöbelnde Freier den Raum verlassen hatten, erzählte die junge Frau weiter. «Der Typ hat die ganz Zeit peinlich rumgejammert, das wäre ihm noch nie passiert, ich solle doch noch ein bisschen weitermachen. Also echt jetzt, nach über zehn Minuten Arbeit. Bevor ich einen steifen Nacken hatte, während bei ihm einfach nichts steif werden wollte, habe ich ihn gebeten zu gehen. Da wurde er sofort patzig, riss mich grob am Arm herum und brüllte: ‹Ich gehe erst, wenn du deinen Job vernünftig gemacht hast. Jetzt mal ehrlich, Herr Kommissar, bei dem wäre ich morgen Abend noch zugange gewesen. Ich kenn doch meine Qualitäten, der Kerl ist eindeutig impotent.»

Ich sagte lieber mal nichts dazu.

Unterdessen hörte Toto sich vor der Zimmertür die Geschichte der Gegenpartei an. Der Mittvierziger war offenbar leicht angetrunken, trug einen schlechtsitzenden grauen Anzug, eine blau-grün karierte Krawatte und sah aus wie ein klassischer Vertreter. Vermutlich war er auf Dienstreise, wollte fern der Heimat mal so richtig Gas geben, und nun klappte das alles nicht wie geplant.

Die Geschichte des Kunden klang so ähnlich wie die der Hure, allerdings mit dem entscheidenden Unterschied, dass er behauptete, die Dame habe an ihm «völlig lustlos rumgelutscht». Empört fügte er hinzu: «Da geh ich doch nicht einfach nach Hause und schenk der mein ehrlich verdientes Geld. Ich fahr ja auch nicht in die Waschstraße und nehme das Auto danach dreckig wieder mit.»

Toto fand diesen Vergleich zwar ein wenig gewagt, nickte aber wortlos.

Nachdem Mann sich wieder beruhigt hatte, erklärte Toto ihm die Rechtslage. «Die Frau hat keine Straftat begangen, da können wir nichts machen. Ich glaube Ihnen ja, dass die handwerklichen Fähigkeiten der Dame nicht Ihren Wünschen entsprochen haben. Aber in dem Fall müssen Sie auf zivilrechtlichem Weg Ihr Geld einklagen, das ist nicht die Aufgabe der Polizei. Ich besorge Ihnen jetzt die Personalien der Dame, dann können Sie weitersehen.»

Der Vertreter schüttelte resigniert den Kopf. «Ja nee, is klar. Ich klage gegen die Pufftante, am besten noch über meine Rechtsschutzversicherung. Das findet meine Frau bestimmt große Klasse. Mensch, holt mir einfach die fünfzig Mäuse da raus, und gut ist.»

Toto versuchte, ihm erneut klarzumachen, dass das nicht rechtmäßig sei.

Den Ausweis der Dame wollte der enttäuschte Freier dann gar nicht mehr sehen. «Ich hau ab, was für ein Scheißabend», schimpfte er nur und machte sich davon.

Toto kam zurück zu uns ins Zimmer. «Der Mann ist zwar weiterhin nicht zufrieden, aber er ist gegangen. Bei euch alles okay?»

Erleichtert sagte ich zu der Hure: «Na, dann ist ja alles geklärt», und wir verabschiedeten uns.

Sie grinste und meinte: «Mach doch ein kleines Päuschen bei mir, du bist bestimmt nicht so ein Schlappschwanz wie der da.»

Ich bedankte mich für das ungewöhnliche Kompliment und meinte lachend: «Aber, aber, wir sind im Dienst.»

Fazit

Seit 2001 gibt es das Prostitutionsgesetz (ProstG), in dem geregelt ist, dass die Prostitution wie eine Dienstleistung eingestuft werden kann. Wenn ein Gast also mit der Leistung einer Dame nicht zufrieden oder einverstanden ist, hat er im Nachhinein die Möglichkeit, sein Geld auf zivilrechtlichem Wege einzuklagen. Im vorliegenden Fall war definitiv keine Straftat erkennbar, beispielsweise ein Betrug oder Ähnliches. Daher konnten wir bis auf den Personalienaustausch zwischen Freier und Hure auch keine polizeilichen Maßnahmen ergreifen.

Ein Recht auf die Rückerstattung des Geldes vor Ort besteht grundsätzlich nicht. Dass später so gut wie kein Kunde öffentlich gegen die Hure klagen will, weil niemand erfahren soll, dass er im Puff war, fällt unter persönliches Risiko. Das sollte ein jeder vor dem Besuch eines Rotlicht-Etablissements bedenken.

Ich bin zu blau zum Autofahren, aber mit dem Fahrrad fahren ist erlaubt.

In Bochum findet alljährlich das sogenannte Maiabendfest statt, eine uralte Tradition. Am letzten Wochenende im April eines jeden Jahres treffen sich die Angehörigen mehrerer Schützenvereine in der Bochumer Innenstadt und ziehen in einer Art Karnevalsumzug von dort aus in den Stadtteil Harpen. Ein Spektakel, das seit mehr als 600 Jahren besteht. Ständiger Begleiter dieses Festes ist natürlich auch der Alkohol ... und das nicht zu knapp.

Ausgerechnet an einem solchen Wochenende hatten wir Nachtschicht, und uns war bereits vorher klar, dass wir wieder mal mit zahlreichen Schnapsleichen und einigen Randalierern rechnen mussten. Entgegen unseren Befürchtungen verlief die Aprilnacht jedoch zunächst sehr ruhig und ohne Einsätze, die in unmittelbarem Zusammenhang mit dem Maiabendfest standen. Im Bochumer «Bermudadreieck» konnten wir zwar auf unserer Streifenfahrt viele zumeist stark schwankende Schützen erspähen, die alle die jeweilige Uniform ihres Vereins trugen, aber sie verhielten sich ruhig und feierten friedlich. Noch …

«Na guck mal, es geht also auch anders. Endlich mal ein Jahr ohne den üblichen Stress», zog Toto zufrieden ein erstes Resümee. Nur leider hatte er den Satz noch nicht ganz zu Ende gesprochen, da wies er, begleitet von einem lauten «Hoppala», mit dem rechten Zeigefinger durch die Windschutzscheibe nach vorne auf die gegenüberliegende Fahrbahn.

Ich konnte gerade noch erkennen, wie der uns entgegenkommende Fahrradfahrer es im letzten Moment schaffte, einen Sturzflug über die Lenkerstange zu verhindern.

«Den Kameraden sollten wir uns mal genauer ansehen. Der wäre ja fast völlig grundlos gestürzt», bemerkte Toto.

Ich wendete den Streifenwagen und meinte: «Ganz so grundlos erscheint mir das nicht.»

Ohne Mühe gelang es mir, den unsicheren Fahrradfahrer nach ein paar Metern einzuholen. Schon als wir uns dem Zweirad näherten, stellten wir fest, dass der Mann ganz offensichtlich Mühe hatte, sein Gefährt überhaupt in der Spur zu halten. Er benötigte auf seiner ungewöhnlichen Fahrt die gesamte Breite der Viktoriastraße. Ich hatte Schwierigkeiten, mit dem Bulli neben den Radler zu gelangen, da er immer wieder von einer Fahrspur auf die andere geriet. Nach einem waghalsigen Manöver gelang es mir, ich konnte den Mann überholen, ohne ihm in die Quere zu kommen.

Toto hielt die Anhaltekelle aus dem geöffneten Beifahrerfenster. «Polizei, bitte mal anhalten!», rief er dem Radler laut zu.

Der Mann erschreckte sich dermaßen, dass er einfach zur Seite umkippte.

«Nun werden wir ja doch noch mit einem der abgestürzten Maischützen konfrontiert», kommentierte Toto die Aktion trocken.

Das stimmte, denn der Radfahrer trug eine grüne Uniform mit zahlreichen Abzeichen und Orden seines Schützenvereins sowie eine grüne Schirmmütze. Eine gewisse Ähnlichkeit mit unserer Polizeiuniform war nicht zu leugnen.

Wir stiegen aus, und Toto versuchte, den gestürzten Radler vorsichtig wieder aufzurichten, was alles andere als einfach war. Der Mann hatte sich mit seiner grünen Stoffhose in der Kette verheddert und fiel immer wieder hin.

Toto stöhnte: «Komm, Harry, hilf mir mal, der gute Mann hat die Fallsucht.»

Ich befreite die bereits schwarz verschmierte Hose aus der Kette, und mit vereinten Kräften schafften wir es, den Betrunkenen auf die Beine zu stellen.

Schon während der «Bergungsmaßnahme» fiel uns die extreme Fahne des Mannes auf, die uns bei jedem Atemzug entgegenwehte.

«Na, Meister, haben Sie vor Fahrtantritt etwa Alkohol zu sich genommen?»

Er beantwortete Totos Frage erst mal mit einem tiefen Ächzen. Offenbar brauchte seine Zunge ein paar Sekunden, um die Buchstaben zu sortieren. «Ja sicher, Kollegen, und nicht zu knapp», erwiderte er schließlich. «Deshalb habe ich ja auch das Auto schön zu Hause gelassen. Schließlich wusste ich, was heute auf mich wartet.» Dann guckte er Toto ganz verwirrt an und meinte: «'tschuldigung, Chef, ich muss mich mal setzen, ich hab irgendwie Kreislaufprobleme.»

Toto grinste mich an. «Das kann ich mir denken. So, jetzt vorsichtig runter und auf den Bordstein setzen.»

Unten angekommen, redete der völlig blaue Schütze lallend, aber deutlich weiter. «Ja, und deshalb bin ich extra mit dem Fahrrad unterwegs. Damit fahr ich sonst nie. Ist das denn ein Problem?»

«Welches Problem Sie haben, entscheidet sich gleich, wenn Sie in das Alkotestgerät gepustet haben», sagte ich, holte das Gerät aus unserem Streifenwagen und hielt es dem Radfahrer hin.

Der schaffte es natürlich nicht im ersten Anlauf, lange genug hineinzupusten, damit ein Wert errechnet werden konnte.

Ich blieb geduldig. «Und los, weiter, weiter, weiter, weiter, fertig. Na, ging doch, oder?»

«Ja, ja, aber mein Kreislauf. Ich weiß auch nicht, das muss am beginnenden Frühling liegen, wahrscheinlich schlägt morgen das Wetter um.»

Ich grinste Toto an. «Genau, das wird bestimmt der Grund sein. Oder einer der vielen Schnäpse war schlecht.»

Der Schütze brummelte irgendetwas vor sich hin.

Einen Moment später hielt Toto den Alkotester in die Höhe. «So, ich habe eine gute und eine schlechte Nachricht für Sie. Zuerst die gute: Sie sind heute trauriger Spitzenreiter mit zwei Komma eins Promille. Jetzt die schlechte: Sie müssen mit zur Wache kommen und eine Blutprobe abgeben. Und Sie werden eine Anzeige erhalten.»

Der Betrunkene hatte es immer noch nicht verstanden – kein Wunder bei dem Promillewert. «Ich bin doch nur Rad gefahren», stammelte er. Der morgige Kater des Herrn würde wahrscheinlich der schmerzhafteste sein, den er jemals hatte.

Ehe wir mit ihm zur Wache fuhren, schlossen wir das Fahrrad an einem Straßenbaum fest. Unterwegs schlief unser Maischütze ein, und schon nach hundert Metern schnarchte er laut vor sich hin.

«Das wird ein böses Erwachen», meinte Toto.

Im Vernehmungsraum bekamen wir den Mann fast nicht mehr wach. Kaum saß er nach den schwierigen Metern vom Bulli in das Gebäude auf dem Bürostuhl, schlief er wieder ein. Nach wenigen Minuten erschien der diensthabende Arzt und entnahm dem Radler eine Blutprobe.

«Wo ist denn Ihr Portemonnaie? Haben Sie Ihren Führerschein dabei?», fragte ich den Mann.

Völlig schlaftrunken erwiderte er: «Wieso denn, ich bin doch gar kein Auto gefahren.»

«Ja, ja, ist schon gut», antwortete ich nur und suchte in der Jackentasche nach dem gewünschten Dokument. «So, den Führerschein werden Sie jetzt wohl verlieren. Sie können ihn gleich hierlassen, oder der Staatsanwalt wird ihn beschlagnahmen.»

Der Schütze schlief schon wieder halb ein, brabbelte aber noch: «Ich hab doch gar keinen Fahrrad-Führerschein.»

Da musste sogar der Arzt lachen. Danach brachten wir den Mann mit dem Streifenwagen nach Hause. Die Frau des Maischützen war nicht wirklich begeistert und dachte zunächst, ihr Mann habe sich geprügelt. Als wir ihr berichteten, er sei betrunken Fahrrad gefahren, kam bloß ein «Ach so» als Antwort.

«Das ist leider nicht bloß ‹Ach so›. Ihr Mann hat dadurch seinen Führerschein verloren.»

Die Frau verstand den Zusammenhang ganz offensichtlich nicht. «Ich bin zu müde für Erklärungen, ich schick Ihnen den Herrn morgen vorbei, sobald er wieder geradeaus laufen kann», erwiderte sie daher nur.

Am nächsten Tag erschien der nüchterne, wie erwartet völlig verkaterte Radfahrer auf der Wache. Er fragte, was denn los gewesen sei, seine Frau habe ihm erzählt, dass sein Führerschein weg sei. «Der ist wirklich nicht mehr in meinem Portemonnaie», fügte er entsetzt hinzu.

«Ihr guter Vorsatz war durchaus zu erkennen», entgegnete ich. «Aber leider ist auch das Führen von Fahrrädern ab einer bestimmten Promillegrenze nicht mehr erlaubt, schon gar nicht, wenn es zu gefährlichen Ausfallerscheinungen kommt. Immerhin gefährden Sie dabei sich und andere Verkehrsteilnehmer. Wenn Sie dem Richter allerdings glaubhaft versichern, dass Sie das nicht wussten, bekommen Sie Ihren Führerschein vielleicht schneller wieder.»

Für den Mann brach ganz offensichtlich eine Welt zusammen. «Ich hatte wirklich keine Ahnung», rief er und gab sich die Antwort gleich selbst. «Ja, ich weiß, Unwissenheit schützt vor Strafe nicht.» Mit diesen Worten verabschiedete er sich und ging mit gesenktem Kopf zur Tür hinaus.

Der Kerl kann einem schon leidtun, da wollen wir ihm mal wünschen, dass der Richter Verständnis für ihn hat, dachte ich nur. Obwohl: Was hätte durch sein Verhalten nicht alles passieren können? Im schlimmsten Fall wäre er von einem Auto überrollt worden. Dann doch lieber den Führerschein abgeben müssen.

Fazit

Das Auto bleibt stehen, und ich fahre betrunken mit dem Fahrrad. Das ist erlaubt, da kann mir nichts passieren – so der Irrglaube nicht weniger Verkehrsteilnehmer. Bei erhöhtem Alkoholgenuss setzen sie ihren Führerschein trotzdem aufs Spiel und begeben sich sogar in die Gefahr, sich später einer sogenannten MPU (Medizinisch-Psychologischen Untersuchung, im Volksmund «Idiotentest») unterziehen zu müssen.

Ein Kraftfahrer gilt nämlich auch dann als ungeeignet zum Führen von Kraftfahrzeugen, wenn er in stark alkoholisiertem Zustand ein Fahrrad führt. Jeder Autofahrer sollte wissen, dass er dadurch sich und andere gefährdet. Die magische Grenze liegt übrigens bei 1,6 Promille. Ab diesem Wert hat die Fahrerlaubnisbehörde Zweifel an einer Fahreignung und besteht zur Klärung auf einer MPU. Der Führerschein ist jedenfalls erst mal für längere Zeit weg.

Ich hatte das Messer nur in der Tasche, das ist doch nicht strafbar.

Natürlich regnete und stürmte es an jenem Nachmittag, als wir auf der Hauptstraße mehrere Stunden den Berufsverkehr regeln mussten. Der Fahrer eines großen Lasters mit einem Kranaufbau hatte die Höhe seines Gefährts ganz offensichtlich falsch eingeschätzt und die Oberleitung der Straßenbahn heruntergerissen. Wir mussten nun, während der Reparaturtrupp der Verkehrsbetriebe fieberhaft arbeitete, behelfsmäßig den Verkehr umleiten.

Der Regen prasselte auf unsere Mützen und die knallgelben Regenjacken. Hin und wieder fuhr ein Auto auch noch durch eine der vielen Pfützen und spritzte uns zusätzlich mit dem dreckigen Wasser voll.

«So macht die Arbeit Spaß», rief ich zu Harry hinüber.

Der winkte gerade mit seiner Polizeikelle einen Linienbus durch und brüllte zurück: «Hoffentlich werden die heute noch fertig, mir läuft die Suppe schon langsam bis in die Unterhose.»

Nach drei Stunden war die Oberleitung endlich wieder befestigt, und wir wollten zur Wache zurückfahren, um trockene Klamotten anzuziehen. Harry hatte die Fahrertür noch nicht zugemacht, als auch schon der nächste Einsatz über Funk hereinkam: «Ladendieb bei Saturn. Das ist doch direkt bei euch um die Ecke, fahrt da bitte noch kurz hin.»

Harry lachte fast hysterisch auf. «Das war ja klar. Gut, dass wir uns nicht umziehen können, wir werden es sicher noch schaffen, uns einen Schnupfen zu holen.»

Nach fünf Minuten Fahrt kamen wir am Einsatzort an. Als wir tropfnass den Eingang des Geschäfts betraten, musterten die Kunden und Verkäufer uns fragend. Vermutlich sahen wir aus, als hätten wir mit Klamotten geduscht. Kaum waren wir im Laden, fingen unsere nassen und kalten Jacken auch noch an zu dampfen. Das Regenwasser tropfte kontinuierlich von meiner weißen, stirndruckfreien Schirmmütze. Die hatte ich im Wagen gar nicht abgenommen, denn sie klebte durch die Nässe regelrecht an meinem Kopf fest.

Nachdem wir zwischen den CD-Regalen und Flachbildschirmen durchgegangen waren, sahen wir den Hausdetektiv, der uns schon am hinteren Büroeingang erwartete. Er trug wie immer eine Jeansjacke und ein T-Shirt und wirkte wie ein ganz normaler Kunde. Im Gegensatz zu sonst war er jedoch extrem aufgeregt, was mich wunderte, denn er war ein alter Hase in diesem Geschäft. Wir kannten ihn bestimmt schon seit zehn Jahren. Allein wir beide hatten mit ihm schon über fünfzig Ladendiebe verarztet.

Er zog mich beiseite und flüsterte: «Ihr müsst aufpassen. Ich glaube, der junge Mann hat ein Messer dabei. Er hat mehrere CDs in seine Jacke gesteckt. Dabei ist die Jacke ein Stück hochgerutscht, und da habe ich es aufblitzen sehen. Wir konnten ihn bis jetzt ganz gut ablenken und beschäftigen, kommen aber nicht unauffällig an ihn heran, um ihn festzuhalten, bevor er das Messer ziehen kann. Bis jetzt ist er noch völlig unauffällig und friedlich. Aber wer weiß.»

Vorgewarnt betraten wir den kleinen Abstellraum, in dem die Ladendetektive auf mehreren Monitoren die Ladenräume überwachten. Immer wieder sprangen die Bilder um, mal sah man die Waschmaschinen-Abteilung, dann tauchten Toaster oder Kaffeevollautomaten vor uns auf. Trotz all dieser Maßnahmen wurde hier täglich geklaut. Einen Herd hat zwar noch niemand durch die Tür getragen, aber von Digitalkameras bis zu Computerspielen stecken die Leute alles in Jacken oder Beutel und schlendern anschließend unbeteiligt zur Kasse. Dort schnell ein paar Batterien bezahlt, sozusagen als Ablenkung, und dann nichts wie raus aus dem Laden.

Die Diebe lassen sich immer neue Dinge einfallen. Letzte Woche erst hatten zwei Männer versucht, einen großen Plasmabildschirm wie selbstverständlich aus dem Laden zu tragen. Das wäre auch fast gelungen. Allerdings hatte der Detektiv im Tumult bemerkt, dass der eine der beiden Diebe hektisch wegschaute, als er an der Kasse am Sicherheitspersonal vorbeilief. So konnten sie die dreisten Burschen in letzter Minute vorläufig festnehmen.

Nun betrachtete ich den jungen Mann, der etwa neunzehn Jahre alt war. Er stand vor den Überwachungsmonitoren und schien die Situation noch gar nicht begriffen zu haben.

Da uns der Ladendetektiv auf die Gefahr hingewiesen hatte, sprachen Harry und ich uns ab. Da heißt, wir sprachen nicht, sondern wechselten nur Blicke – das reichte. Jeder wusste sofort, was der andere als Nächstes tun würde. Wir sind eben seit Jahren ein eingespieltes Team.

Langsam trat ich von hinten an den Verdächtigen heran und packte blitzschnell zu. Bevor der Mann merkte, was mit ihm passierte, legte ich ihn kurzerhand über den schon heftig ramponierten Schreibtisch. Dabei drehte Harry ihm den Arm auf den Rücken, sodass er erstaunt die Luft aus den Lungen entweichen ließ.

Dann jaulte er plötzlich auf und brüllte: «Spinnt ihr, was soll das? Ich hab nichts gemacht.»

«Bleiben Sie ruhig, dann passiert Ihnen nichts», sagte Harry nur. «Wir haben den begründeten Verdacht, dass Sie mit einem Messer bewaffnet sind.»

Zielsicher griff ich in die Innentasche seiner Ballonseidenjacke und spürte einen festen Gegenstand in der Hand. Zum Vorschein kam ein großes Taschenmesser.

«Oh», sagte Harry. «Was wollten Sie denn damit schnitzen?»

«Ey, das ist bloß das Taschenmesser von meinem kleinen Bruder», fing der Typ an zu jammern. «Jetzt bleibt mal locker.»

Ich war mir nicht sicher, ob wir dem Ladendieb trauen konnten.

«Hab gar nicht gewusst, dass ich das Messer dabeihab», versuchte er sich herauszureden. «Ich war mit meinem Bruder im Wald, da hab ich es sicherheitshalber eingesteckt. Der hat es zum Geburtstag bekommen. Sieht doch gut aus, oder?» Schuldbewusst blickte der Nachwuchsgangster zu Boden.

«Stimmt, das Messer sieht verdammt gut aus. Vor allem aber sieht es so aus, als könnte man damit gut zustechen. Und genau das ist jetzt dein Problem», meinte Harry.

Ich setzte den Dieb auf einen Bürostuhl und sagte: «Mein Freund, das ist eine eigene Straftat, wenn man so ein Ding dabeihat und dann klaut. Ich bin gespannt, was der Staatsanwalt dazu sagen wird.»

Sofort fing der Mann wieder an zu jammern. «Aber das ist doch bloß ein Taschenmesser, und es gehört meinem kleinen Bruder. Außerdem hab ich keinen damit bedroht.»

«Jetzt nehmen wir dich erst einmal mit zur Wache. Was glaubst du denn, was ein Polizist macht, wenn er dich kontrollieren will und dieses Messer sieht. Am Ende machst du zufällig eine falsche Bewegung und wirst im schlimmsten Fall angeschossen. Mann, du bist echt alt genug, denk doch mal nach.»

Der junge Dieb war mittlerweile ruhig, na ja, eher völlig fertig. Bei der Durchsuchung fanden wir in seiner Regenjacke sieben originalverpackte CDs. Alles Heavy Metal und Gangsta-Rap.

«Nur weil du diese coole Verbrechermusik hörst, musst du ja nicht gleich zum Gangster werden», sagte ich. «Oder willst du dir deine Zukunft mit so einem Mist komplett versauen? Wenn du erst mal vorbestraft bist, kriegst du später keinen Job mehr.»

Wir legten ihm keine Handschellen an, einen Fluchtversuch würde der Bursche kaum wagen. Man merkte, wie ihm immer klarer wurde, welchen Ärger er sich eingehandelt hatte.

«Ich kann dir nur empfehlen, dir einen Anwalt zu nehmen und reumütig alles zu gestehen. Dann kommst du vielleicht mit einem blauen Auge davon. Oder bist du bereits polizeibekannt? Du kannst es ruhig sagen, das sehe ich bei deiner Personalienüberprüfung sowieso gleich», meinte Harry.

Kleinlaut antwortete der Nachwuchsganove: «Nee, ich bin bisher nur einmal schwarzgefahren. Sonst habe ich noch keinen Mist gebaut, ehrlich.»

Das stimmte, zumindest hatte ihn bisher keiner erwischt, falls er doch bereits Straftaten begangen hatte, denn im Polizeiregister gab es keine Einträge. Wir fuhren mit ihm zur Wache und schrieben dort eine Anzeige.

«Das war ein Diebstahl mit Waffen, da droht dir mächtig Ärger», erklärte ich ihm nochmal. «Wenn du dem Richter aber glaubhaft verklickern kannst, dass du das Messer nicht mithattest, um dich zu wehren, kommst du vielleicht nochmal glimpflich davon.»

Als er später die Wache verließ, entschuldigte er sich bei uns und meinte: «Das war echt Mist, ich mach das nie wieder.»

Wir hofften, dass er es ernst meinte. Nur leider haben wir solche Sprüche schon viel zu oft gehört.

Fazit

Ein sogenannter Diebstahl mit Waffen oder mit einem gefährlichen Werkzeug (beispielsweise einem Hammer) oder einem Werkzeug wie Klebeband oder Handschellen, um einen eventuellen Widerstand von Dritten zu überwinden, wird deutlich härter bestraft als ein «normaler» Ladendiebstahl. Da reicht sogar schon ein Taschenmesser, besonders wenn es, wie in diesem Fall, eine lange Klinge hat. Schließlich muss man davon ausgehen, dass der Täter die Waffe bei sich trägt, um sie notfalls auch gegen den Ladendetektiv oder Verkäufer einzusetzen. Etwa um zu flüchten, wenn er erwischt wird. Deshalb kann man selbst bei einem vermeintlich harmlosen Ladendiebstahl schneller in der Zelle landen, als man denkt.

Ein Polizist darf nie eine Frau und eine Polizistin nie einen Mann durchsuchen.

Eines Morgens bekam ich Nadja zugeteilt, ein junges, leicht gebräuntes Fräulein mit Rehaugen und langem kastanienbraunem Haar. Sie hatte eine atemberaubende Figur und einen Schmollmund. Gut, dass Harry nicht da ist, dachte ich so bei mir und hieß sie willkommen. Nadja war frisch von der Polizeischule und hatte noch nicht viele Einsätze hinter sich. Brenzlige Situationen kannte sie nur aus Klausuren und Prüfungen. Wir tauften sie auf der Wache sofort «Barbie», und jeder Kollege wollte sie sofort beschützen.

Unsere erste gemeinsame Schicht fing ich mit einigen grundsätzlichen Erklärungen an. Ich wollte gewiss nicht den Oberlehrer markieren, aber manche Dinge kann man von erfahrenen Kollegen nun mal gut lernen. Also zeigte ich ihr, wie man die Einsatztasche richtig packt, wo man die Schlüssel für die Streifenwagen findet, wie man den Wagen richtig übernimmt und welches Einsatzmaterial nicht im Kofferraum fehlen darf.

«Du, ich hatte auch Unterricht und habe mehrere Praktika hinter mir. Du wirst es nicht glauben, aber ich weiß sogar, wofür das blaue Licht auf dem Dach gut ist», meinte sie spöttisch.

Ich lächelte nur. «Nimm es einfach als nett gemeinte Geste, vielleicht bist du hinterher ja auch ganz dankbar für so manche Erklärung», erwiderte ich.

Anschließend zeigte ich ihr alle Räume auf der Wache und die Protokollschränke und wollte gerade mit ihr zum Funkraum gehen, als uns Kollege Martin ansprach.

«Ich störe die Turteltäubchen ja nur ungern, aber wir haben gerade einen Randalierer auf dem Eierberg, und ihr seid das einzige freie Team. Die anderen Wagen sind bei einem schweren Unfall, und der Rest ist beim Schießtraining oder Sport. Jetzt mal hurtig, da kann sich die neue Kollegin direkt mal das pralle Leben anschauen», sagte er.

So ist er, der Martin: offen, direkt und immer einen guten Spruch auf den Lippen. Er hat ja recht. Die Erfahrung sammelt man im Einsatz auf der manchmal rauen Straße, nicht auf der Schulbank oder im Büro.

Wir schnappten uns also die gerade gepackte Einsatztasche, außerdem unsere Mützen und Lederjacken und liefen auf den Polizeiparkplatz. Nadja wollte gerade auf der Fahrerseite Platz nehmen, da zog ich sie leicht an der Schulter zurück.

«Die Einfahrt zum Puff ist wirklich sehr eng, mach du erst mal den Funk, du kannst noch oft genug Auto fahren.» Im selben Moment kam ich mir auch schon blöd vor, aber ich bin, außer bei Harry, nun mal ein wirklich schlechter Beifahrer.

Abgesehen davon ist es sicher besser, wenn der Kollege mit der besseren Ortskenntnis und der größeren Berufserfahrung fährt. Da Nadja nicht aus Bochum kommt, hätte ich sie zum Eierberg dirigieren müssen – und das mit Blaulicht und Martinshorn. Das musste ja nicht gleich am ersten Arbeitstag sein.

Kurz darauf düsten wir jedenfalls mit Sonderrechten durch die City Richtung Bordell, wer wusste schon, was dort mal wieder los war. Wir fuhren über die Außenringe in das Rotlichtviertel. Wie ich es Nadja versprochen hatte, steuerte ich zielgenau in die enge Einfahrt mit den hohen Bordsteinen. Dort war schon so manchem Kollegen ein Reifen geplatzt, der dann unter dem schallenden Gelächter der aufreizenden Damen in ihren Glitzerbikinis den Wagenheber auspacken durfte. Das musste ich nicht haben, schon gar nicht mit meiner jungen Kollegin an Bord.

Kaum stand der Streifenwagen vor dem Haus Nummer 5, hörten wir auch schon das Geschrei der Prostituierten. Beim Reinlaufen stolperte Nadja direkt in die Arme einer vollbusigen Blonden, die uns wild gestikulierend zu erklären versuchte, dass ihr ein Freier die Geldbörse gestohlen hatte. «Und dann ist der Dreckskerl einfach weggelaufen, da waren mindestens tausend Euro drin.»

Da hinter ihr gleich mehrere Kolleginnen auftauchten, die alle wie wildgewordene Hühner durcheinandergackerten, bekam ich die Beschreibung des Täters nur halb mit. Dunkle Haare, sehr kräftig und groß. Normalerweise, dachte ich so bei mir, kommen hier eher die Portemonnaies der Freier abhanden, oder es fehlt plötzlich Geld. Dass ein Freier so dreist klaute, hatte ich persönlich noch nie erlebt. Man sollte im Puff seine Geldbörse eben nicht auf dem Nachttisch liegenlassen, wenn man ins Bad geht.

Ich ließ die beklaute Lady den Strafantrag unterschreiben und beobachtete, wie Nadja sich mit einer vermutlich osteuropäischen Bordellschönheit auf Englisch unterhielt, als die Blonde mich an der Lederjacke zupfte und auf den direkt vor der Tür geparkten Streifenwagen zeigte.

«Da ist der Dreckskerl!», rief sie. «Los, packt ihn euch, bevor er wieder abhaut.»

Das war also der Täter, der sich ganz offensichtlich selbst stellen wollte. Der Mann stand jedenfalls wartend an unserem Streifenwagen – dachte ich. Auf den zweiten Blick sah ich jedoch, dass es nicht aus Reue geschah. Der Typ öffnete gerade seinen Hosenstall.

«Der wird doch wohl nicht an unser Auto pinkeln», rief ich laut und rannte los.

Da passierte es auch schon. Ungeniert urinierte der dreiste Dieb an den linken Kotflügel unseres grün-weißen Streifenwagens, und unter heftigem Gejohle der Schaulustigen prasselte der Strahl gegen das Blech. So schnell ich konnte, stolperte ich die hölzerne Treppe des Etablissements hinunter, zog mir beim Laufen die Jacke zu und Handschuhe an. Wenn jemand so unverfroren ist, muss man mit Gegenwehr rechnen.

Unterwegs rief ich laut nach Nadja, die sich endlich von ihrer neuen russischen Freundin trennte, um mich zu unterstützen.

Als ich die gläserne Haustür aufriss, schlug mir kalte, frische Luft entgegen, die ich nach dem süßlichen Parfümgeruch in den Innenräumen als wohltuend empfand. Ich atmete noch einmal tief durch, als mich der Obelix auch schon dümmlich angrinste. Der mutmaßliche Dieb ließ sich beim Pinkeln nicht im Geringsten stören und hatte in den Schaulustigen sein bewunderndes Publikum gefunden.

Mit den Worten «Guter Mann, jetzt packen Sie aber mal ganz schnell alles schön wieder ein» wollte ich ihn von seinem Tun abbringen. Das schaffte ich auch, allerdings anders als erwartet. Der Typ machte seine Hose nämlich nicht zu, sondern drehte sich grinsend zu mir um. Da erst bemerkte ich das Messer. Es steckte halb in seiner Hosentasche, der Griff schaute jedoch oben raus. Es sah aus wie ein Kampfmesser. Sofort ging der Mann, immer noch feist grinsend, auf mich los.

«Halt, Polizei! Bleiben Sie sofort stehen!»

Doch der 120-Kilo-Bär dachte gar nicht daran. Zum Glück ist er angetrunken, schoss es mir durch den Kopf. Ich machte einen Schritt zur Seite, packte den kräftigen Dieb an der Schulter und zog ihm mit einem Fußfeger die Beine nach hinten weg. Der Kerl krachte auf den Boden, wobei ich allerdings das Gleichgewicht verlor und ebenfalls hinfiel. Zum Glück rappelte ich mich schnell wieder hoch und drehte ihm den Arm auf den Rücken, sodass er vor Schmerzen aufschrie. Da sein linker Arm nun eingeklemmt war, konnte ich in Ruhe nach Nadja Ausschau halten.

Bevor ich meine junge Kollegin erblickte, löste sich aus der etwas stiller gewordenen Menschenmenge ein weiterer Streitlustiger, der sich ganz offensichtlich ebenfalls mit der Polizei, in dem Moment also leider nur mit mir, anlegen wollte. Apropos, wo blieb Nadja? Saß sie etwa am Funk und rief Verstärkung? Für Gedanken um meine Kollegin blieb mir jedoch keine Zeit, denn der zweite Randalierer griff mich mit einem gezielten Tritt an. Ich wich geschickt mit dem Oberkörper aus, musste aber den Obelix loslassen, um das Bein des Angreifers zu packen. Er ruderte mit den Armen, fiel aufs Kreuz und jaulte ebenfalls auf.

Jetzt lagen sie beide auf dem Boden, und als ich in ihren Augen Hass und Angriffslust aufblitzen sah, griff ich nach meinem Reizstoffsprühgerät am Gürtel. Ein Strahl in die Augen genügt, und der Täter ist für mehrere Sekunden außer Gefecht gesetzt.

Der Obelix machte als Erster Bekanntschaft mit dem zischenden, reizenden Gas. Er brüllte sofort los und schlug sich die Hände vors Gesicht. Inzwischen rappelte sich der zweite Schläger wieder auf und versuchte erneut, seinem Kumpel zu helfen. Allerdings konnte ich ihn schnell am Kragen packen und mit einem Drehwurf zu Fall bringen.

Was für ein grässlicher Tag, dachte ich noch, und dann wieder: Wo ist eigentlich meine Kollegin hin? Da hätte sie am lebenden Objekt mal zeigen können, was sie in der Ausbildung alles gelernt hat, und dann verschwindet sie einfach. Als ich mich gerade für den offenbar bevorstehenden Ringkampf wappnete, kam Nadja mit Handschellen angelaufen. Sie zog Obelix die Arme auf den Rücken und fesselte ihm die Hände. Er jaulte immer noch. Dann griff sie dem Mann beherzt in die Hose oder vielmehr in die Hosentasche. Geschickt fischte Nadja das Kampfmesser heraus und legte dem Schläger die stählerne Acht an. Danach drehte sie sich lächelnd zu mir um. «Na, Chef, alles klar?», fragte sie selbstbewusst.

Ich rieb mir die geprellte Schulter. «Ja, jetzt wieder. Gut gemacht», lobte ich sie.

Als ich mich auf den zweiten Randalierer kniete, hörte ich auf einmal die bekannte Melodie herannahen. Mit Martinshorn und quietschenden Reifen driftete ein Streifenwagen um die Kurve, und eine mir vertraute Stimme rief über den Außenlautsprecher: «Hier spricht die Polizei! Machen Sie Platz da, aus dem Weg!»

Harry war offensichtlich vom Schießtraining zurück und kam herbeigerast. Nadja hatte also doch über Funk Verstärkung gerufen.

Die junge Kollegin durchsuchte gerade den 120-Kilo-Kerl und hielt nach weiteren Waffen Ausschau, wobei sie die geklaute Geldbörse der leichten Dame entdeckte.

«Finger weg, mich fasst keine Frau ungefragt an!», krakeelte der Typ lautstark.

«Ruhe, jetzt ist keine Sprechstunde», antwortete Nadja ungerührt. Dann wollte sie ihn hochziehen, was bei der Masse jedoch nicht klappte.

Harry rief: «Komm, ich helfe dir. Nicht dass wir umsonst gekommen sind.»

Mit vereinten Kräften wuchteten die beiden den Mann auf den Rücksitz unseres Streifenwagens.

«Gleich werdet ihr artig Blut abgeben und danach in Gewahrsam genommen. Ein paar schöne Anzeigen gibt's gratis obendrein», meinte Harry.

Ich grinste den Randalierer auf dem Rücksitz an. «Tja, mein Freund. Ihr habt wohl nicht mit einem so gut eingespielten Team gerechnet? Unsere Frauen legen euch eben spielend aufs Kreuz, allerdings anders als hier am Eierberg.»

Nadja verstand das Lob, schlüpfte hinters Steuer und grinste stolz vor sich hin. Das konnte sie ruhig, hatte sie doch alles richtig gemacht und in einer wirklich haarigen Situation die Nerven behalten. Fahren durfte sie auch noch, und das nicht nur, weil mir die Schulter wehtat.

Als der Obelix später während der Blutentnahme auf der Wache schon wieder losmeckerte, mussten wir alle schallend lachen. «Die Polizistin hat mir voll in den Schritt gefasst und mich durchsucht, das ist sexuelle Belästigung», beschwerte er sich.

«Wenn du morgen wieder nüchtern bist, komm bei uns auf der Wache vorbei, dann erkläre ich dir die Rechtsgrundlage», erwiderte Nadja gelassen. «Aber jetzt schlaf erst mal eine Runde in der Zelle und träum schön von Handschellen und Pfefferspray. Oder von meinem schlimmen Griff in deinen Schritt.»

Fazit

Nach dem Polizeigesetz dürfen Verdächtige tatsächlich nur von Personen gleichen Geschlechts oder von Ärzten durchsucht werden. Diese Regel gilt allerdings nicht, wenn die sofortige Durchsuchung zum Schutz gegen eine Gefahr für Leib oder Leben erforderlich ist. Und diese Gefahr war im geschilderten Fall durchaus gegeben, immerhin hat der Festgenommene massiven Widerstand gegen Polizeibeamte geleistet. Die Ausnahme von der Regel gilt besonders dann, wenn einer der Angreifer erkennbar eine gefährliche Waffe bei sich trägt.

Ohne Durchsuchungsbefehl kommt in meine Wohnung keiner rein.

E s war ein schwülwarmer Sommertag. Der Himmel war nicht richtig blau, die Luft stand in den Straßen, jeder schwitzte genervt vor sich hin. Da meldete sich die Leitstelle und schickte uns zu einem Haus in Bochum-Stahlhausen. Das ehemalige Arbeiterviertel, wie der Name schon sagt, ist heute eher ein trostloser Stadtteil, der immer mehr zum sozialen Brennpunkt wird. Im Grunde erwarteten wir einen Routineeinsatz, denn wir sollten einen jungen Mann festnehmen, der seit längerem per Haftbefehl gesucht wurde. Ein Nachbar hatte bei der Polizei angerufen.

Unterwegs überprüften wir die Personalien des Gesuchten, und es bestätigte sich, dass gegen ihn ein Haftbefehl wegen mehrerer sogenannter Eigentumsdelikte vorlag. Im Klartext: Der 21-Jährige hatte geklaut und war immer wieder in Wohnungen eingebrochen. Nun sollte er für sechs Monate ins Gefängnis, da Sozialstunden,

Jugendarrest und Bewährungsstrafen an seiner kriminellen Karriere ganz offensichtlich nichts geändert hatten.

Als wir eintrafen, stand der Nachbar bereits in seiner Hofeinfahrt und winkte uns nicht wirklich unauffällig heran.

«Der junge Mann ist noch immer dadrin, ich habe alles genau beobachtet. Es wird Zeit, dass der hinter Gittern verschwindet. Am Ende bricht der auch noch bei mir ein.»

Mein Blick fiel auf das nicht mehr ganz weiße Unterhemd und die ausgeblichenen, bläulich grünen Shorts aus Ballonseide, die der Zeuge trug. In dessen Wohnung wird sicher nicht viel zu holen sein, fuhr es mir durch den Kopf. Wortlos gab mir Toto zu verstehen, dass er das Gleiche dachte.

Als Erstes baten wir den Nachbarn, zurück in seine Wohnung zu gehen, da wir befürchteten, es könnte sonst unnötige Provokationen geben.

Daraufhin meinte der Zeuge mürrisch: «Da habe ich euch extra angerufen, und jetzt wollt ihr mir den Spaß nehmen. Dann stell ich mich aber ans Fenster. Ich will sehen, wie der Gangster endlich da hingebracht wird, wo er hingehört.»

Wir nickten dem Frührentner zu, langwierige Diskussionen würden ohnehin nichts bringen, und schließlich waren wir wegen des Haftbefehls hier. Also gingen wir zügig zum Nachbarhaus und klingelten.

Eine Frau öffnete uns die Haustür. «Wat is?»

Auf Nachfrage erfuhren wir, dass sie die Mutter des Gesuchten war.

«Dürfen wir mal reinkommen?», bat Toto.

Das hielt die Frau in grauer Jogginghose und pinkfarbenem Bikinioberteil für keine gute Idee. «Nee, ihr bleibt mal schön draußen. Da könnte ja jeder kommen. Außerdem habe ich meinen Sohn schon seit mehreren Wochen nicht gesehen. Würde mich auch interessieren, wo der sich rumtreibt. Wenn ihr ihn gefunden habt, könnt ihr ja anrufen, dann weiß ich wenigstens Bescheid», sagte sie dann.

Toto erklärte der Mutter daraufhin freundlich, aber bestimmt die Sachlage. «Davon würden wir uns schon gern selbst überzeugen. Vertrauen ist gut, Kontrolle ist besser. Zeugen haben Ihren Sohn ins Haus gehen sehen. Vielleicht hat er sich ja hier versteckt, und Sie wissen gar nichts davon.»

Sofort fing die Mutter an zu keifen. «Nix da, haut ab. Oder zeigt mir euren Durchsuchungsbefehl, das weiß doch jedes Kind, dass ich euch ohne den nicht reinlassen muss.»

Wieder versuchte Toto, der Frau in freundlichem Ton klarzumachen, dass wir in diesem Fall keinen richterlichen Durchsuchungsbeschluss bräuchten. Ihrem Gesicht merkten wir allerdings an, dass sie das nicht verstand und schon gar nicht einsehen wollte. Sie fühlte sich ganz offensichtlich im Recht. Auf einmal trat sie völlig überraschend zur Seite. «Da werde ich mich aber beschweren, ihr könnt euch auf eine schöne Klage gefasst machen», meinte sie schnippisch.

Ich nickte ihr im Vorbeigehen zu. «Das können Sie gerne tun, das ist Ihr gutes Recht. Wir heißen Weinkauf und Heim, Polizeiwache Bochum-Mitte.»

Dann durchsuchten wir das Haus vom Keller bis zum Dachboden. Alle Räume waren dreckig, überall lagen ungewaschene Kleidung und Abfall auf den Böden. Und das bei dem schwülen Wetter, den Geruch will ich hier gar nicht näher beschreiben. Im Wohnzimmer saßen ein Junge und ein Mädchen auf der fleckigen gemusterten Couch. Sie waren zwischen zehn und zwölf und sahen sich ein Video an. Gerade wurde ein Wagen von Kugeln durchsiebt und explodierte in einem Feuerball.

Freundlich sprach ich die beiden an. «Wollt ihr bei dem schönen Wetter nicht lieber draußen mit Freunden spielen oder ins Freibad gehen?»

Null Reaktion, die Kinder ließen keinen Blick von dem Actionvideo. Aber bei der Mutter und dem älteren Bruder wunderte mich ehrlich gesagt nichts mehr.

Obwohl wir in alle Ecken, Schränke und sogar hinter den versifften Duschvorhang geguckt hatten, fanden wir den straffälligen Sohnemann nicht. Wir entschuldigten uns bei der stolzen Mutter für die Störung und waren froh, gleich wieder frischere Luft atmen zu dürfen. Die Schwüle draußen war uns egal, Hauptsache kein Gestank mehr.

«Hab ich euch doch gleich gesagt, dass der nicht hier ist. Aber ihr müsst ja friedliche Leute stören. Fangt mal lieber richtige Verbrecher, mein Junge hat nix Schlimmes angestellt. Die jungen Leute haben eh keine Zukunft und keine Arbeit. Was sollen sie denn machen?», lautete die keifende Antwort.

Genervt von der Frau und noch mehr davon, dass wir den Ganoven nicht gefunden hatten, gingen wir hinaus und liefen zu unserem grün-weißen Bulli.

Direkt neben dem Wagen stand ein Junge mit blondem Lockenkopf, etwa acht Jahre alt. Sofort lief der Kleine, der einen alten Lederfußball unterm Arm trug, auf uns zu und fragte mit hektischer Stimme: «Warum sitzt denn der Mann da oben auf dem Dach? Mein Papa sagt, so was darf man nicht, das ist gefährlich. Ihr müsst mal mit dem schimpfen.»

«Da hat dein Papa aber auch recht», erwiderte Toto lächelnd.

Da erst sah ich, mit wem wir schimpfen sollten. Auf dem Dach saß der gesuchte 21-jährige Dieb, der die Diskussionsrunde seiner Mutter mit uns an der Tür offenbar genutzt hatte, um aus dem Dachfenster zu klettern.

Ich rief dem Kleinen ein kurzes «Danke» zu, dann liefen wir natürlich sofort zurück zum Haus. Während ich klingelte, behielt Toto von der Straße aus den dreisten Dieb im Blick. Runterspringen konnte der Gesuchte nicht, das wären acht Meter gewesen, da hätte er sich nicht nur die Beine gebrochen. Er saß also klassisch in der Falle.

Die Mutter öffnete erneut die Tür. «Was ist denn jetzt noch, war es so schön bei mir?», fragte sie frech.

«Das wissen Sie besser als ich, Ihr Sohn sitzt oben auf dem Dach.»

Die Miene der Mutter verdunkelte sich erst, dann lächelte sie unbeholfen. «Das wusste ich nicht, ehrlich. Wie ist der denn bloß hier reingekommen? Ich habe echt nichts gemerkt», stammelte sie dann.

Mit einem genervten «Nee, is klar» eilte ich an ihr vorbei die Stufen hinauf. Wieder diese stinkenden Treppen hoch bei der Hitze, dachte ich, wischte mir die Schweißperlen von der Stirn und lief weiter auf den Dachboden.

Durch das Dachfenster konnte ich den Jungen erst gar nicht sehen, aber dann kletterte er in mein Blickfeld.

Als er mich am Fenster bemerkte, brüllte er sofort los: «Ich geh nicht in den Knast, haut ab, sonst springe ich.»

«Junge, das bringt doch nichts, du hast Mist gebaut, jetzt musst du dich der Strafe auch stellen», versuchte ich ihn zu beruhigen.

Toto hatte über Funk bereits die Feuerwehr alarmiert. Die sollten vorsichtshalber ein Sprungkissen aufbauen, falls der Stratege wirklich vom Dach hüpfen würde.

Es folgten endlos lange Minuten mit endlos langen Diskussionen. Der Straftäter drohte immer wieder mit dem Sprung in die Tiefe, während ich ihm mit Engelsgeduld erklärte, dass das nichts bringe und er alles nur noch schlimmer mache. Schließlich gab der Sohnemann auf, kurz bevor die Feuerwehr eintraf. Vorsichtig kletterte er durch das schmale Fenster zurück ins Haus, und noch auf dem Dachboden legte ich ihm die Handschellen an. Der wenig später eintreffende Notarzt untersuchte ihn sofort, aber der Bursche war topfit und somit haftfähig. Also setzten wir ihn in unseren Bulli und brachten ihn zur Justizvollzugsanstalt Krümmede am Ruhrstadion.

Die Mutter hat sich übrigens nicht über uns beschwert oder uns gar angezeigt. So vernünftig war sie dann doch.

Fazit

Viele Menschen denken, Polizisten dürften Wohnungen und Häuser nur betreten, wenn sie einen richterlichen Durchsuchungsbeschluss dabeihaben. Grundsätzlich ist das auch richtig. Allerdings gibt es einige Ausnahmen, in denen die Unverletzlichkeit der Wohnung (Grundgesetz Artikel 13) eingeschränkt werden darf. In dem hier geschilderten Fall liegt die Grundlage für das Eindringen in das Privathaus in der Strafprozessordnung. Laut der sind «Durchsuchungen auch bei nichtverdächtigen Personen zur Ergreifung eines Beschuldigten» erlaubt. Das war hier gegeben, als wir ins Haus der Mutter gingen. Und den Beschuldigten haben wir ja auch ergriffen, wenn auch mit Verzögerung.

Ohne Durchsuchungsbefehl kommt auch in meine Wohnung keiner rein.

Es war November, und wir hatten Spätschicht. Draußen nieselte es, der Wind fegte um die Hausecken, und es war eisig kalt. Die Stadt sah mal wieder dreckig und ungemütlich aus. An einem Tag wie diesem will man einfach nur zu Hause auf der Couch sitzen und etwas Warmes trinken. Die Menschen gingen mit gesenkten Köpfen auf dem Bürgersteig, manche hatten Schirme aufgespannt – eigentlich unsinnig bei dem Wind. Ich hoffte, dass es bald ein bisschen angenehmer aussähe, wenn an den Geschäften die Weihnachtsbeleuchtung eingeschaltet würde.

Da knackte mal wieder der Funk. «Irma, elf-fünfunddreißig, wo seid ihr?»

«Am Landgericht, was gibt's denn?», erwiderte ich.

Die Antwort war knapp, aber genau. «Fahrt mal schnell zur Unistraße, da hat eine Nachbarin die Hilferufe eines Kindes aus einer Wohnung gehört. Der Vater soll ein brutaler Schlägertyp sein.»

In mir schoss sofort die Wut hoch, und Harry ging es ähnlich, das wusste ich, auch ohne dass er etwas sagte.

Mit ernster Miene drückte er das Gaspedal durch, und nach nur drei Minuten waren wir an der gemeldeten Adresse. Während Harry noch unseren Bulli einparkte, sprang ich schon aus der Tür und klingelte bei der Nachbarin.

«Sagen Sie bloß nicht, dass ich Sie angerufen habe, dann kann ich hier ausziehen», bat die ältere Dame ängstlich über die Gegensprechanlage.

Ich beruhigte die Frau, da stand auch schon Harry hinter mir, und wir liefen schnell die Stufen hoch in den dritten Stock. Bereits auf dem ersten Treppenabsatz hörten wir ein Kind laut schluchzen. Dann fing ein Mann an zu brüllen, und seine Stimme klang sehr brutal. Was er brüllte, konnten wir nicht verstehen, aber sofort wurde das Weinen lauter und verzweifelter. Dann standen wir auch schon vor der Tür des offenbar gewalttätigen Familienvaters.

Ich drückte die Klingel und rief laut: «Aufmachen, Polizei!»

Nichts passierte. Erst als ich mit der Taschenlampe zusätzlich an das Holz klopfte, riss auf einmal jemand die Wohnungstür auf.

Vor uns stand ein großer, grobschlächtiger Mann mit einer langen Narbe auf der Stirn. «Wollt ihr mir die Bude einreißen, oder was?», begrüßte er uns alles andere als freundlich.

Ruhig, aber energisch sagte ich zu dem ganz offensichtlich angetrunkenen Mann: «Wir sind angerufen worden, weil hier ein Kind um Hilfe schreit. Außerdem haben wir das Schluchzen gerade selbst gehört. Was ist denn passiert?» Komisch, dass Menschen manchmal so aussehen, wie man sie sich vorstellt und wie sie in schlechten Krimis gezeigt werden, schoss es mir spontan durch den Kopf.

«Das geht euch einen gepflegten Scheißdreck an, ihr zwei

Hilfssheriffs. Wenn mein Kind nicht hört, dann setzt es eben was. Das hat noch keinem geschadet, mir früher auch nicht.»

Dir hat es ganz offensichtlich geschadet, so wie du dich benimmst, dachte ich nur, behielt die Bemerkung aber lieber für mich. «Kinder zu schlagen, auch die eigenen, ist verboten. Das sollten Sie vielleicht wissen. Könnten wir das Kind jetzt bitte mal sehen?», sagte ich stattdessen.

«So weit kommt's noch. Ihr glaubt wohl, ihr könnt hier einfach in meine Wohnung marschieren und meine Erziehungsmethoden kontrollieren. Ja, wo sind wir denn? Und jetzt macht euch mal flott vom Acker.» Dann grinste er uns frech an. «Oder habt ihr etwa einen Durchsuchungsbefehl? In dem Fall ist das natürlich was anderes, dann mach ich euch sogar noch 'nen Kaffee», meinte er dreist.

In dem Moment huschte hinter dem aggressiven Mann ein Mädchen vorbei. Wir sahen beide das geschwollene und gerötete Gesicht, und ich meinte sogar, an der Nase würde noch Blut kleben. Der Vater merkte, dass wir seine Tochter sehen konnten, und brüllte, ohne sich zu ihr umzudrehen: «Los, hau ab und geh in dein Zimmer. Ich kümmere mich gleich wieder um dich, wenn die hier weg sind. Wir zwei sind noch nicht fertig.»

«O doch, Sie sind fertig, und zwar in jeder Hinsicht», platzte es aus Harry heraus. «Sie lassen uns jetzt sofort durch und bedrohen nicht weiter Ihre Tochter.»

Der, wie sich später herausstellte, arbeitslose Dachdecker baute sich vor uns auf. «Versuch's doch mal», meinte er drohend.

Wir musterten uns nur kurz, dann sagte ich laut: «Entweder Sie lassen uns sofort rein, oder wir müssen Sie in Gewahrsam nehmen. Hier besteht der begründete Verdacht häuslicher Gewalt.»

Der Typ überlegte kurz. «Kommt ruhig rein, aber dann zeige ich euch an. Wegen Hausfriedensbruch und so», meinte er dann.

Harrys Antwort kam leise, aber energisch. «Davon kann Sie keiner abhalten, aber jetzt gehen Sie endlich zur Seite.»

Das Mädchen fanden wir verletzt im Kinderzimmer, die ebenfalls verängstigte Mutter hielt es tröstend im Arm. Während Harry sich um die beiden kümmerte, ging ich mit dem mittlerweile etwas kleinlauteren Vater in die Küche. Ich hatte ihn nämlich bereits über Funk überprüft, und er hatte eine Bewährungsstrafe von einem Jahr offen wegen schwerer Körperverletzung. Damals hatte er sich in einer Kneipe geprügelt, er konnte offenbar nichts anderes. Das kleine Mädchen hieß Marion.

Weinend erzählte sie Harry und mir, dass sie fast jeden Tag verprügelt wurde. «Papa schlägt mich nicht nur mit der Hand, sondern auch mit dem Holzlöffel und dem Gürtel. Das tut so weh. Ich hab solche Angst.» Gerade war es lediglich darum gegangen, dass sie beim Essen aus Versehen gekleckert hatte. «Ich wollte das doch nicht, aber die Marmelade ist einfach vom Löffel auf den Tisch getropft. Ich habe mich auch direkt entschuldigt», berichtete die Kleine verzweifelt.

Die Mutter bestätigte die Geschichte. «Was sollte ich denn machen? Ich habe solche Angst vor ihm», sagte sie. «Aber der Kerl muss endlich hier weg, holen Sie den bitte hier raus. Das ist kein Leben mehr, besonders nicht für meinen kleinen Schatz. Irgendwann schlägt der uns noch tot.»

Über die Leitstelle rief Harry einen Rettungswagen, der die kleine Marion ins Krankenhaus brachte. Ein Arzt sollte untersuchen, ob sie womöglich schwerwiegende innere Verletzungen davongetragen hatte. Die Mutter fuhr mit, auch sie hatte überall am Körper verblichene Hämatome. Außerdem schalteten wir den Notdienst des Jugendamtes ein.

Als Mutter und Kind aus der Wohnung waren, legten wir dem Vater Handschellen an und nahmen ihn mit zum Bulli.

«Hat meine Alte mich überhaupt angezeigt, sonst dürft ihr mich doch gar nicht mitnehmen?», fragte er auf der Treppe.

Meine Antwort fiel knapp aus. «Ihre Frau muss keine Anzeige

erstatten, derart brutale Misshandlungen werden von der Polizei auch ohne Anzeige verfolgt», erwiderte ich. «Und wir haben genug gesehen und gehört.»

Danach sagte er kein Wort mehr. Auf der Wache erklärten wir ihm, dass er jetzt erst mal ein zehntägiges Rückkehrverbot für die Wohnung habe. Er fing an zu brüllen, sah dann aber schnell ein, dass er schlechte Karten hatte. Harry schilderte es ihm aber auch nochmal eindringlich.

Zum Glück war das zehntägige Rückkehrverbot gar nicht nötig, denn seine Bewährung wurde wenige Tage später auf Antrag der Staatsanwaltschaft widerrufen, und er musste zurück ins Gefängnis. Die Mutter zog trotzdem nur einen Tag später mit ihrer Tochter ins Frauenhaus. Ihre Angst war einfach zu groß, sie wollte nicht zurück in die Wohnung, in der die beiden so Schreckliches erlebt hatten. Der Brutalo-Vater wurde im darauffolgenden Frühling wegen der Misshandlung seiner Familie verurteilt. Aufgrund seiner Vorstrafe schickte der Richter ihn für drei Jahre ins Gefängnis. Mutter und Tochter bauten sich in dieser Zeit ein neues Leben auf und zogen in eine andere Stadt.

Zum Abschied malte uns das Mädchen ein schönes Bild mit Blumen und einer großen gelben Sonne und brachte es uns mit seiner Mutter eines Nachmittags zur Wache.

«Bei uns scheint nämlich jetzt jeden Tag die Sonne, weil wir keine Angst mehr haben müssen», sagte die Kleine fröhlich.

Die Mutter stand mit Tränen in den Augen dahinter und sagte leise nur ein Wort: «Danke.»

Ein wirklich schöner Moment in unserem Polizeialltag, der einen sonst auch schon mal unzufrieden und frustriert zurücklässt.

Wenn sogenannte Gefahr im Verzug ist, dürfen Polizisten auch ohne Durchsuchungsbefehl zur Gefahrenabwehr in Wohnungen oder andere private Räume eindringen. Das war hier der Fall, da wir das Kind vor seinem Vater schützen mussten. Gleichzeitig mussten wir für die spätere strafrechtliche Verfolgung Beweise sichern. Ausschlaggebend hierfür waren die Verletzungen des Kindes, die später ein Arzt zur Beweissicherung attestierte. Solche «Mischtatbestände» begegnen uns im polizeilichen Alltag sehr häufig.

Wichtig bei häuslicher Gewalt ist, dass die Polizei auch dann ermittelt, wenn die verängstigte Frau keine Anzeige erstattet. Eine Anzeige ist deshalb nicht notwendig, weil man verhindern will, dass die Männer ihre misshandelten Frauen erneut einschüchtern und sie so zur Rücknahme der Anzeige bewegen.

Mit «Gefahr im Verzug» sind aber auch die Folgen gemeint, die im zeitlichen Verzug begründet liegen. Wird zum Beispiel bei einem Wasserrohrbruch nicht sofort gehandelt, besteht die Gefahr eines unmittelbar bevorstehenden Schadenseintritts. Deshalb darf die Polizei eine Wohnung, in der etwa ein Wasserrohr geborsten ist, jederzeit aufbrechen, damit Handwerker das Leck abdichten können, bevor möglicherweise das ganze Haus geflutet wird und ein viel größerer Schaden entsteht.

Das ist doch nur für meinen Eigenbedarf.

Natürlich zählt die Kriminalitätsbekämpfung zu den wichtigsten Aufgaben der Polizei, und ein sehr gutes Mittel sind dabei Zivilstreifen. Denn gerade Autoknacker, Einbrecher und Dealer machen natürlich nichts, wenn in der Nähe uniformierte Polizisten zu sehen sind. Auch Toto und ich waren vor dem Start unserer Fernsehserie oft als sogenannter Einsatztrupp unterwegs. Leider sind diese Zeiten lange vorbei, da jeder Zweite mittlerweile unsere Gesichter kennt – auch wenn viele Menschen immer noch nicht wissen, wer denn nun Toto und wer Harry ist ... Aber allen ist klar: Die beiden sind von der Polizei – und das hat auf Kriminelle dieselbe Wirkung wie eine Uniform.

Damals kümmerten wir uns in erster Linie um die Bekämpfung der in Großstädten leider allgegenwärtigen Drogenkriminalität. Oder wir waren im Herbst und Winter als unauffällige Fußstreife in Wohngebieten unterwegs, in denen es zuvor häufig zu Einbrüchen gekommen war. Wenn in der Dämmerung ein Mann mit Rucksack und Handschuhen zwischen den Gärten herumstreunte, lagen wir meist richtig, wenn wir ihn kontrollierten. Als Einsatztrupp am Hauptbahnhof ging es dagegen so gut wie immer um Drogendealer, Junkies und Taschendiebe.

An einem trüben Abend im März fuhren wir mal wieder in einem unauffälligen Opel in die City. Wir parkten hinter dem Bahnhof und schlenderten über den Vorplatz.

«Wie kalt das immer noch ist, jetzt könnte aber langsam mal der Frühling kommen», meinte Toto.

Ich nickte und bemerkte in diesem Moment einen schick gekleideten Mann, der langsam, eigentlich zu langsam, in die Wartehalle ging. Vor allem sah er sich dabei auch noch ständig um.

Ich stieß Toto an. «Da läuft wahrscheinlich unser erster Kunde des Tages. Komm, wir hängen uns mal an den dran.»

Als wir hinter dem Verdächtigen die große Wartehalle betraten, verloren wir den Typen in Jeans und Lederjacke zunächst aus den Augen. Aber dann deutete Toto mit dem Kopf in die Ecke, wo es zu den Schließfächern ging. Dort stand er mit einem anderen Mann, der einen dicken Pulli unter einer fleckigen Jeansjacke trug, vor einem Bäckerladen. Die beiden standen auffällig eng nebeneinander, taten aber so, als würden sie sich nicht kennen.

«Bleib du hier, ich geh mal zum Bäcker. Mal gucken, was die da machen. Bestimmt kriegt einer gleich ein Tütchen mit Pulver», meinte ich zu Toto.

Er nickte, und ich ging zügig zu dem Backshop hinüber. Der Typ mit der Lederjacke blickte sich immer wieder hektisch nach allen Seiten um. Sehr unauffällig, dachte ich und schlenderte an den Männern vorbei. Noch passierte nichts.

Es dauerte aber nicht lange, da konnte ich beobachten, wie ein Fünfzigmarkschein den Besitzer wechselte. Der Mann mit der Lederjacke hatte das Geld dem Typen in der Jeansjacke zugesteckt.

Im Gegenzug bekam er ein kleines Tütchen mit weißlichem Inhalt, das er in Windeseile in seiner Hosentasche verschwinden ließ. Natürlich sah er sich dabei wieder so auffällig um, dass es fast schon wehtat.

Ich warf Toto einen Blick zu, der ungefähr zwanzig Meter von mir entfernt in der Halle stand. Ein kurzes Nicken, und wir gingen schnell auf die beiden «Geschäftsfreunde» zu. Wir waren bis auf zwei Meter an den Männern dran, da schrie der Dealer plötzlich laut los: «Renn!» Wir hatten eigentlich gerade die Dienstausweise zücken und uns als Polizeibeamte zu erkennen geben wollen, doch jetzt war erst mal körperliche Fitness gefragt.

Der Dealer hatte einen beachtlichen Antritt, aber er hatte nicht mit der schnellen Reaktion von Toto und dessen Sprintfähigkeit (auf kurzen Strecken ist er unschlagbar) gerechnet, und so endete der klägliche Fluchtversuch bereits nach wenigen Metern, indem der Mann auf die Nase fiel. Toto hatte ihm im Laufen mit einer Blutgrätsche die Beine weggezogen. Der Dealer jaulte auf, als er zu Boden stürzte, und hielt sich Ellenbogen und Knie.

«Was soll der Scheiß? Lassen Sie mich in Ruhe!», keifte er.

Der Käufer hatte erst gar keinen Fluchtversuch unternommen, und noch als der Dealer durch die Luft flog, hatte ich ihn schon an den Armen gepackt und vorläufig festgenommen. Er zitterte jetzt am ganzen Körper.

«O nein, warum ausgerechnet ich?», stöhnte er.

Nach dem dreisten Fluchtversuch legten wir beiden Männern erst mal Handschellen an.

«Freund, beim nächsten Mal tut es richtig weh, denn dann kannst du dich im Fallen nicht mehr abstützen, also lass es!», ermahnte Toto den Dealer nochmal.

Der zitternde Käufer brauchte dagegen keine Ansprache, er hatte sich längst in sein Schicksal ergeben. Noch vor Ort stellte sich bei einer ersten oberflächlichen Durchsuchung heraus, dass sich in dem ungewöhnlich teuren kleinen Tütchen eine geringe Menge weißen Pulvers befand. Unser erster Eindruck bestätigte sich durch das prompte Geständnis des Dealers.

«Ja, ist schon gut, das ist Kokain», sagte er sofort. Durch den schmerzhaften Sturz war er offenbar geläutert.

Unmittelbar darauf erfolgte der Einwurf des gutgekleideten Käufers. «Ich habe so was zum ersten Mal gemacht, ehrlich. Ein Arbeitskollege hat mir das Zeug empfohlen, ich solle es mal ausprobieren. Zum Glück ist es nur eine geringfügige Menge für meinen Eigenbedarf. Das ist ja erlaubt.»

Den Zahn mussten wir dem Nachwuchs-Schnupfnäschen allerdings ziehen. «Hier ist gar nichts erlaubt, das sind Drogen, und Sie haben durch den Kauf gegen das Betäubungsmittelgesetz verstoßen. Das ist und bleibt eine Straftat», erklärte ich ihm.

Der Mann blickte uns ungläubig an. «Nee, das weiß ich genau. Sie werden großen Spaß mit meinem Anwalt kriegen, wenn Sie mich nicht sofort loslassen. Ich stehe hier in der Öffentlichkeit mit Handschellen, wenn mich jemand sieht!», sagte er mit drohendem Unterton.

Ich blieb ganz ruhig. «Das hätten Sie sich vor der Straftat überlegen sollen. Immerhin haben Sie uns Grund zum Einschreiten gegeben. Vielleicht sollten Sie darüber mal nachdenken.» Jetzt hat der Kerl sich von dem Schrecken doch schneller erholt als gedacht und wird auch noch frech, ging es mir durch den Kopf.

Wir forderten zur Verstärkung zwei Kollegen mit einem Bulli an. Als die beiden Männer gefesselt auf der Rückbank saßen, fing der Käufer wieder von vorne an.

«Das habe ich im Fernsehen gesehen, für meinen Eigenbedarf darf ich was kaufen», protestierte er.

Auf der Fahrt zur Wache wurde der Dealer dagegen immer ruhiger. Kurz darauf wussten wir auch, warum. Bei der Durchsuchung im Revier wurden wir nämlich richtig fündig. Nachdem der Mann sich komplett entkleidet hatte und die Unterhose herunterzog, purzelten weitere fünf Tütchen mit Kokain zu Boden. Bei ihm war das Thema Eigenbedarf damit sowieso gegessen. Da er außerdem schon mehrfach vorbestraft war, natürlich wegen Drogen, ging er erst mal in die Zelle. Der Haftrichter sollte dann entscheiden, ob er wieder nach Hause durfte.

Im Nachbarraum saß unterdessen der schicke Käufer. Beim Blick auf seine feinen Lederschuhe wurde mir klar, warum er keinen Fluchtversuch gewagt hatte: Er wäre nach wenigen Metern ausgerutscht. Mittlerweile hatte er sich beruhigt.

«Wenn ich gewusst hätte, dass man auch keine Drogen kaufen darf, dann hätte ich das nicht gemacht», meinte er.

«Guter Mann, jetzt überlegen Sie doch mal, was Sie hier sagen», antwortete Toto. «Erstens schützt Unwissenheit nicht vor Strafe. Zweitens sollten Sie vielleicht keine Drogen nehmen, weil es gefährlich und gesundheitsschädlich ist, und nicht nur, weil es verboten ist. Dass Drogen unter Strafe gestellt werden, hat mehrere Gründe. Wir haben schon genug Junkies von der Straße gekratzt, das wollen Sie gar nicht sehen.»

Langsam wurde der Bankkaufmann kleinlaut und entschuldigte sich nochmal. «Das passiert mir nicht wieder. Vielleicht ist es ja ganz gut, wie es gekommen ist. Jetzt bin ich geläutert. In Handschellen auf dem Hauptbahnhof zu stehen, das war echt ein mieses Gefühl», erklärte er.

Kurz danach verabschiedete er sich. Ein Richter brummte ihm später nur eine geringe Geldstrafe auf, weil der Mann auch ihm glaubhaft versicherte: «Das passiert mir garantiert nie wieder!»

 Fazit

Es ist ein Irrglaube, dass man geringfügige Mengen Drogen für den Eigenbedarf erwerben oder besitzen darf. Es mag unlogisch klingen, aber grundsätzlich ist der Drogenkonsum in Deutschland nicht

verboten. Wenn man beispielsweise an einer Kifferrunde teilnimmt, in der ein Joint von einem zum anderen gereicht wird, die Drogen aber nicht selbst beim Dealer gekauft hat, sondern nur konsumiert, so ist dies nicht unter Strafe gestellt.

Der Konsum selbst ist damit zwar legal, dafür verbietet das Gesetz aber so gut wie alles andere, etwa den Handel, den Besitz, den Erwerb, den Anbau oder die Herstellung von Drogen und vieles mehr. Nur: Wie soll man etwas konsumieren, das man gar nicht besitzen darf?

Grundsätzlich kann selbst der Besitz von geringfügigen Mengen einer Droge eine Strafverfolgung nach sich ziehen. Meist wird zwar nur eine geringe Strafe verhängt, aber wehe dem, der öfter auffällt .

Ich habe unter 0,5 Promille, also kann mir nichts passieren.

Der Frühdienst am Sonntag beginnt eigentlich fast immer sehr hektisch und arbeitsintensiv. Die alkoholisierten Übriggebliebenen der Samstagnacht treiben sich frühmorgens noch in der Stadt oder am Eierberg herum und sorgen für Ärger. Oft kommt es dann sogar zu handfesten und brutalen Auseinandersetzungen zwischen zwei oder gleich mehreren Betrunkenen. Es war diesen Sonntag noch sehr früh, trotzdem waren Toto und ich schon bester Laune. Schließlich hatte Bochum vor gerade mal zehn Stunden Schalke besiegt.

Deshalb gab es für uns natürlich auch nur ein Thema im Streifenwagen.

«Dabei habe ich nach dem sehr frühen ersten Tor von Schalke schon wieder mit dem Schlimmsten gerechnet», meinte Toto.

«Ja, aber die falschen Blauweißen hatten ihren ehemaligen Mitspieler und Kumpel Azouagh und den langen Dabrowski nicht auf

der Rechnung», sagte ich grinsend. «Zum Glück, so macht Fuß-
ball Spaß, auch mit Bochum.»

Der Gedanke an den 2:1-Sieg unseres VfL, ausgerechnet gegen
den Erzrivalen aus Schalke, zauberte uns beiden ein leicht scha-
denfrohes Grinsen auf die Gesichter. Dieser Sieg war ein echtes
Highlight in einer bislang eher verkorksten Saison unseres Lieb-
lingsvereins.

«Mann, mein Magen knurrt, ich habe noch nicht gefrühstückt.
Was ist mit dir?» Fragend sah Toto mich an.

«Geht mir ähnlich», sage ich. «Komm, lass uns zur Wache
fahren, um einen Kaffee zu trinken. Dann kannst du auch was essen.»

Ich wollte mir dort eine meiner mitgebrachten und schon
nachts vor dem Dienst geschmierten Stullen zu Gemüte führen.
Kurz bevor wir die Wache erreichten, wurde unser Plan jedoch
durchkreuzt. Die Leitstelle hatte einen Einsatz für uns.

«Irma elf-fünfunddreißig, fahrt mal zur Alleestraße», röhrte
es aus dem Lautsprecher. An der Einmündung Annastraße hat es
eine laute Kalteisenverformung gegeben.» Mit anderen Worten:
Wir sollten einen Verkehrsunfall aufnehmen. Zum Glück kam
gleich noch der Nachsatz: «Aber macht langsam, ist ohne Verletzte.»

Die Ankündigung ließ uns entspannter zum Einsatzort fahren,
dennoch brauchten wir auf unserem Weg durch die leeren mor-
gendlichen Straßen Bochums nicht lange.

Zunächst sah alles nach einem völlig harmlosen Verkehrsunfall aus. Die beiden Fahrzeugführer, ein Mann und eine junge
Frau, standen neben ihren Autos. Die Wagen hatten sie, obwohl
lediglich leichter Sachschaden entstanden war, einfach im Ein-
mündungsbereich stehenlassen. Am Sonntagmorgen war das allerdings nicht weiter schlimm, denn bei so wenig Verkehr gab es
auch keinen Stau. Als wir aus dem Streifenwagen stiegen, kam die

junge Frau sofort auf uns zugelaufen. Sie trug ein Sommerkleid und hatte ihre braunen Haare zu einem Pferdeschwanz zusammengebunden.

«Ich glaube, ich bin schuld!», stammelte sie unter Tränen. «Und mein schöner Golf ist auch hin.»

Nachdem wir sie beruhigt hatten, fragte Toto nach dem genauen Unfallhergang. Die Frau schilderte, dass sie aus der Annastraße nach links hatte abbiegen wollen. Dabei übersah sie den schwarzen VW Golf, der auf der Alleestraße in Richtung Innenstadt fuhr. Prompt kam es auf der Kreuzung zum Crash. Während ich mir Notizen machte, ging Toto zu dem anderen Fahrer. Der begutachtete gerade die dicke Beule an seinem Mazda.

Ich sah Toto hinterher, da setzte bei mir, das heißt natürlich bei der jungen Dame, gerade ein erneuter Tränenfluss ein.

«Ich weiß, ich habe nicht aufgepasst», sagte sie leise. «Der andere hatte Vorfahrt. Wie konnte mir das nur passieren? Jetzt bleibt das alles an mir hängen, ich wollte doch bald in Urlaub fahren. Woher soll ich bloß das Geld nehmen? Mein Auto ist total kaputt, und ich habe nur eine Haftpflichtversicherung.»

Damit hatte sie in jeder Hinsicht recht, denn die Verkehrsregelung erfolgte an der Einmündung durch Verkehrszeichen, und sie hätte das auf dem Kopf stehende weiße Dreieck mit dem roten Rand beachten müssen. Geld würde sie das Ganze auch kosten, weshalb es tatsächlich schlecht um ihren Urlaub stand.

«Na, Hauptsache, es ist keiner verletzt. Der Rest wird schon wieder. Und so kaputt sieht Ihr Wagen doch gar nicht aus», tröstete ich sie.

In diesem Moment gesellten sich Toto und der Mazda-Fahrer zu uns. Der Typ sah völlig übernächtigt aus und versuchte krampfhaft, die Augen aufzuhalten.

«Der junge Mann hier bestätigt die Unfallschilderung der Golf-Fahrerin», meinte Toto.

Ich nickte. Eigentlich wäre die restliche Unfallaufnahme nun relativ unkompliziert gewesen, doch Toto nahm mich beiseite.

«Ich glaube, es gibt da ein kleines Problem, das wir noch klären müssen», raunte er mir zu. Dann musterte er die verstörte junge Dame und fragte: «Kann es sein, dass Sie Alkohol getrunken haben? Ich meine, da etwas in Ihrem Atem bemerkt zu haben.»

«Nein, ich wollte mich heute mit einer Freundin in Hannover treffen, deshalb bin ich so früh unterwegs. Ich komme nicht aus einer Kneipe», lautete die energische Antwort.

«Was ist mit gestern Abend?», hakte Toto nach.

Die Golf-Fahrerin nickte. «Ja, da hatte ich ein oder zwei Weinchen. Ich habe mich mit ein paar Freundinnen getroffen, wir waren noch im Bermudadreieck. Aber das ist schon lange her, ich habe seitdem sechs Stunden geschlafen.» Trotzdem war sie mit einem Alkoholtest einverstanden. «Da kommt schon nichts Schlimmes heraus», meinte sie selbstbewusst.

Ich holte das Alkotestgerät aus dem Streifenwagen und hielt es ihr in Mundhöhe entgegen.

Sie lächelte gequält und meinte: «Dann wollen wir mal sehen, ob ich das kann. Ich habe das noch nie gemacht.»

Die junge Frau blies kräftig hinein, doch obwohl ich ihr das Verfahren zuvor erklärt hatte, pustete sie beim ersten Versuch viel zu kurz. Der zweite Versuch klappte dann aber, und das Gerät fing an, den Blutalkoholwert zu errechnen. Es dauerte einige Zeit, bis das Ergebnis auf dem Display erschien: 0,42 Promille.

Als ich das Ergebnis der Unfallverursacherin zeigte, stieß sie einen lauten Seufzer aus. «Huch, doch noch so viel», rief sie dann, «aber zum Glück nicht zu viel.»

Leider musste ich sie eines Besseren belehren. «Nein, Sie haben nicht Glück, sondern Pech gehabt!», sagte ich.

Da fror ihr Lächeln ein. «Wieso das? Ich liege doch unter dem Grenzwert. Wo ist denn nun das Problem?», fragte sie nervös.

Die Erklärung des Problems war relativ einfach. «Wenn Sie als Fahrzeugführer am Straßenverkehr teilnehmen und es dabei zu sogenannten Ausfallerscheinungen kommt, liegt die gesetzliche Grenze des Alkoholkonsums nur noch bei null Komma drei Promille. Und da sind Sie leider deutlich drüber», setzte ich ihr auseinander.

Die Golf-Fahrerin verstand es immer noch nicht. «Aber ich habe doch keine Ausfallerscheinungen. Ich lalle nicht, ich torkele nicht. Ich habe nichts gemacht», beharrte sie.

«Na ja, Sie haben leider einen Unfall verursacht. Das ist immer schlecht mit Alkohol im Blut. Da müssen Sie leider mit uns zur Wache fahren.»

Die junge Frau brach wieder in Tränen aus, diesmal allerdings aus gutem Grund. Ihre Versicherung würde ihr nun bestimmt sehr unangenehme Fragen stellen, was die Regelung des Unfalls betraf. Wir machten Fotos von den demolierten Autos und vermaßen die Unfallstelle. Die Golf-Fahrerin stand völlig geknickt an unserem Streifenwagen und wartete darauf, dass wir mit ihr zur Wache fuhren, damit ihr ein Arzt Blut abnehmen konnte.

Nachdem wir die Unfallaufnahme abgeschlossen hatten, stieg der Mazda-Fahrer in sein Auto und startete. Zum Glück fuhr der Wagen noch, er hatte allerdings einen ordentlichen Blechschaden. Der Golf dagegen musste abgeschleppt werden, da Kühlflüssigkeit unter dem Wagen hervorlief. Nachdem der Abschleppwagen den VW aufgeladen hatte, stieg die junge Golf-Fahrerin in unseren Bulli und fuhr mit zur Wache.

Unterwegs fragte sie: «Verliere ich jetzt meinen Führerschein? Man hört doch immer von diesem Idiotentest und so.»

«Warten wir erst mal ab, was der Bluttest nachher ergibt», beruhigte ich sie. «Sind Sie denn vorbelastet?»

«Nee, ich habe noch nie einen Punkt in Flensburg gehabt, ehrlich», erwiderte die junge Dame stolz.

Als wir die Wache betraten, wartete schon der von den Kollegen bestellte Arzt auf uns. Der Mediziner entnahm der Fahrerin eine Blutprobe und verabschiedete sich. Ihr Führerschein wurde sichergestellt, und wir schrieben eine Anzeige. Die junge Dame hatte sich ihrem Schicksal ergeben und verabschiedete sich.

An der Tür meinte sie nochmal ganz schuldbewusst: «Ich habe nicht damit gerechnet, dass ich noch kein Auto fahren darf. Das tut mir echt leid. Ich wusste auch nichts von dieser Promillegrenze von null Komma drei. Drücken Sie mir mal die Daumen, dass ich meinen Führerschein nicht allzu lange verliere.»

Ich grinste. «Versprochen, denn bei Ihnen bin ich mir sicher, dass Sie so was nie mehr machen.»

Fazit

Grundsätzlich ist es richtig, dass in Deutschland die 0,5-Promille-Grenze für eine Teilnahme von Fahrzeugführern am öffentlichen Straßenverkehr gilt. Bei einem Wert zwischen 0,5 und 1,1 Promille bewegt man sich dabei noch im Bereich einer Ordnungswidrigkeit. Bei Werten über 1,1 Promille handelt es sich jedoch um eine Straftat.

Wie bereits erwähnt, hat der Gesetzgeber bei deutlichen Auffälligkeiten oder Ausfallerscheinungen den Wert auf eine Grenze von 0,3 Promille gesenkt. Dabei muss es nicht erst zu einem Verkehrsunfall kommen. Denkbare Ausfallerscheinungen sind unter anderem sogenannte alkoholbedingte Schlangenlinien über eine gewisse Strecke oder gegebenenfalls auch das Überfahren eines Rotlichts an einer Ampel.

In der Regel werden in solchen Fällen Blutproben entnommen, außerdem wird der Führerschein beschlagnahmt oder sichergestellt. Die Angelegenheit endet mit einem mehrmonatigen Fahrverbot.

Die eheliche Pflicht zum Sex mit meinem Partner gibt es nicht.

Obwohl man immer denkt, man habe schon alles Mögliche in seinem Leben erlebt und es könne nicht mehr viel Neues auf einen warten, kommt es gerade in unserem Beruf immer wieder zu verrückten und unglaublichen Situationen, die absolut außergewöhnlich sind und die man lange Zeit nicht vergisst.

So kann ich mich noch bestens an einen Einsatz erinnern, der uns im Frühling des Jahres 2005 überraschte. Eine ältere Dame aus dem schönen Stadtteil Altenbochum hatte sich telefonisch bei der Einsatzleitstelle der Polizei gemeldet.

Wir fuhren gerade langsam durch die Fußgängerzone, um nach minderjährigen Dieben Ausschau zu halten, als uns der Funkruf aus der Leitstelle ereilte. Vermutlich war es eine Ruhestörung oder häusliche Gewalt, jedenfalls war lautes Geschrei der Grund für den Anruf.

«Dann wollen wir doch mal nachsehen, ob da jemand wirklich

unsere Hilfe braucht oder ob vielleicht mal wieder nur der Fernseher zu laut ist», meinte Toto, als wir losfuhren.

Mit der Bemerkung hatte er durchaus recht, wie oft waren wir sogar zum Teil mit Blaulicht zu gefährlichen Auseinandersetzungen gerufen worden, dabei war es nur der Krimi aus dem zu laut gestellten Fernseher.

Unterwegs funkte uns der Kollege von der Leitstelle erneut an. «Die Rentnerin hat nochmal angerufen. Sie ist sich jetzt sicher, dass es um einen heftigen Ehekrach geht. Da der Mann extrem gewalttätig klingt, gebt lieber mal Gas. Ich trage euch für Sonderrechte ein.» Wir durften also wieder mal mit Blaulicht und Martinshorn zum Einsatzort fahren.

Als wir vor dem Dreifamilienhaus eintrafen, hörten wir auch schon aus einem geöffneten Fenster im dritten Stock das Geschrei. Allerdings war die Stimmlage der Frau auch nicht zu verachten.

«Solange die beiden noch rumbrüllen können, wird es so schlimm nicht sein», sagte Toto und begrüßte die Anruferin, die auf uns zutrat. Dann wandte er sich an mich. «Wir dürfen mal wieder Treppen steigen.»

Die alte Dame öffnete uns die Haustür, und wir hasteten in den Flur des hellgelb gestrichenen Gebäudes. Der Treppenaufgang duftete frisch und sauber, wahrscheinlich hatte gerade jemand seinen Kehrwochenauftrag erfüllt.

Nach drei Treppenabsätzen kamen wir vor der Wohnung an. Durch die geschlossene Tür drang lautes Stimmengewirr an unsere Ohren. Auf unser Klingeln öffnete erst keiner. Wie immer in solchen Fällen schlug ich mit der Taschenlampe gegen das lackierte Holz und rief: «Polizei, bitte machen Sie auf!»

Kurz darauf schloss jemand von innen die Tür auf, und ein Mann mittleren Alters öffnete. Er war lediglich mit gepunkteten Bermudashorts und schwarzen Kniestrümpfen bekleidet. Auffallend waren außerdem der unangenehm weit über die Hose hängende, kugelrunde Bauch und seine hohe Stirnglatze. Darauf waren Schweißperlen zu sehen, der Streit war ganz offensichtlich anstrengend für den beleibten Typen.

Er empfing uns sofort mit den Worten: «Ah, da kommen ja genau die Richtigen.»

Ich erwartete nach dieser Aussage die obligatorische Schimpftirade, denn meistens ist der Satz ironisch gemeint, doch ich wurde eines Besseren belehrt. «Jetzt können wir ja mal die Meinung von Spezialisten einholen.» Mit diesen Worten drehte der Mann sich um und rief: «So, Uschi, jetzt wirste gleich hören, dass ich im Recht bin.» Dann wandte er sich wieder an uns beide. «Kommen Sie doch bitte herein, meine Herren.» Mit einer großzügigen Geste bedeutete er uns, die Wohnung zu betreten.

Toto sah mich verwundert an. «Was ist denn mit dem los, hat der gebechert oder einen an der Waffel?», sagte er beim Reingehen leise.

Als wir hinter dem Mann durch den Wohnungsflur hergingen, bemerkte ich an der Wand Fotos aus den Bergen. Vermutlich macht er jedes Jahr Urlaub in Bayern, dachte ich. Aber auf die Berge fährt er bestimmt nur mit der Seilbahn. Wenn der vom Schreien schon so schwitzt, würde ihm beim Aufstieg wahrscheinlich die Rübe platzen.

Dann zeigte der halbnackte Bauchträger auf die Tür am Ende der schummrigen Diele. «Gehen Sie ruhig schon mal ins Schlafzimmer durch, dort ist meine Frau.» Als ich sichtlich zögerte, meinte er sofort: «Nur kein falscher Anstand, gehen Sie durch. Dann können wir die Sache endlich ausdiskutieren und ihr gemeinsam klarmachen, dass ich recht habe. Ihnen wird sie bestimmt glauben. Ich bin schon zu lange mit ihr verheiratet. Viel zu lange.»

Gefolgt von dem seltsamen Gesellen, betraten wir das Schlafzimmer, wo die Ehefrau auf dem Bett thronte. Die blondierte

Dame Mitte vierzig saß auf dem geschmacklosen Doppelbett auf der Fensterseite, die hellblauen Oberbetten und Kissen lagen zerknüllt in der Mitte der Matratzen. Es sah aus, als hätten die beiden einen Ringkampf veranstaltet. Allerdings hatte die Frau keinerlei Blessuren, hier waren also zum Glück nicht die Fäuste geflogen.

«Guten Tag, entschuldigen Sie, dass wir hier so eindringen, aber Ihr Mann war der Meinung, wir sollten einfach durchgehen», sagte Toto. «Außerdem haben uns die Nachbarn gerufen, weil es bei Ihnen wohl sehr laut zur Sache ging.»

«Ha, von wegen. Zur Sache geht es hier schon lange nicht mehr, das ist ja das Problem», blökte der Dicke sofort los und starrte feist grinsend seine Frau an.

Die Ehefrau trug ein ausgewaschenes T-Shirt, war mehr schlecht als recht geschminkt und meinte verzweifelt lächelnd zu uns: «Das ist schon in Ordnung, Sie können ja nichts dafür, der Spinner ist schuld.» Sie blickte ihn finster an. «So, mein Lieber, jetzt werden wir ja sehen, wer recht hat. Vielleicht glaubst du ja wenigstens den Polizisten.»

Sofort fühlte sich der Ehemann zu einer stimmgewaltigen Tirade animiert, die Toto bereits im Ansatz unterbrach.

«Hey, Ruhe jetzt. Wir sind wegen dem Geschrei hier, und jetzt hören Sie endgültig damit auf. Wir können uns doch wie Erwachsene unterhalten.»

«Wie Erwachsene, nicht mit dem», murmelte die Frau vor sich hin.

Schließlich fing der Mann an, ruhig zu erzählen. «Wir beide sind jetzt seit über vierzehn Jahren verheiratet. Eigentlich komm ich mit meiner Ollen ganz gut klar, die kann sogar kochen, nur wegen einer Sache gibt es ewig Theater. Immer wenn ich Lust auf sie habe, will sie nicht. Da macht die sich einen Spaß draus, ehrlich. Das nervt tierisch.»

«Guck dich doch mal an, wie soll ich denn da Lust kriegen?», erwiderte die Dame mit dem Schlabber-T-Shirt prompt. Dabei deutete sie mit der rechten Hand auf ihren Mann und vollzog eine Bewegung, die ihn von Kopf bis Fuß abmaß. Sie verzerrte das Gesicht zu einer leichten Fratze, und man konnte einen gewissen Ekel daraus ablesen.

Wortlos sahen Toto und ich uns an und gaben der Frau mit einem Blick recht. Doch der blasse Dicke mit den Kniestrümpfen fuhr unbeirrt fort und gab an, dass er sich gar nicht mehr an den letzten Akt mit seiner Frau erinnern könne.

«So lange, wie das schon her ist. Ich glaube, da war der Kohl noch Kanzler. Ich weiß schon gar nicht mehr, wie meine Frau nackt aussieht», schilderte er uns den Stand der Dinge.

Seine Frau nickte zustimmend, und ihre Gesichtszüge änderten sich dabei in ein zufriedenes, süffisantes Grinsen. «Zum Glück muss ich ja auch keinen Sex mit dir haben! Selbst wenn du meinst, das wäre anders», sagte sie.

Mit einem wütenden Schnauben wandte sich der Ehemann in unsere Richtung. «Das muss sie eben doch, oder? Ich bin im Recht. Die muss doch ran, wenn sie mit mir verheiratet ist?», fragte er uns.

So groß meine Verständnis für die Frau auch sein mochte, ich musste den Ehemann in gewisser Weise unterstützen. «Nach dem Bürgerlichen Gesetzbuch gehört die Geschlechtergemeinschaft zur Ehe dazu, da hat Ihr Gatte schon recht. Aber eine entscheidende Sache dürfen Sie nicht vergessen.» Ich drehte mich zu dem beleibten Mann um. «Sie dürfen diesen Anspruch nie mit Gewalt durchsetzen, sonst machen Sie sich der Vergewaltigung in der Ehe schuldig. Und dann wandern Sie in den Knast.»

Sofort ging der Streit zwischen dem Pärchen wieder los.

«Geschlechtergemeinschaft mit dem? Steht in dem Gesetz nicht auch drin, dass man bei einem solchen Schwabbelbauch nicht mehr ranmuss?», quäkte die Frau von der Bettkante. «Das kommt vom vielen Bier. Wenn man jeden Tag in die Kneipe geht, ist das eben das Ergebnis.»

«Guck dich doch an, du bist auch nicht viel besser mit deinen Cellulite-Beinen. Blätter mal die Kataloge mit der Sommermode durch, so können Frauen auch aussehen», meckerte er prompt zurück.

Toto ging sofort dazwischen. «Ruhe, und zwar sofort! Klären Sie das vernünftig, machen Sie eine Paartherapie, oder lassen Sie sich scheiden. Aber wenn Sie weiter hier so ein Theater veranstalten, nehmen wir Sie mit auf die Wache.»

«Ja, genau, sperrt ihn bei Wasser und Brot ein, dann nimmt er wenigstens mal ein paar Kilo ab», sagte die Frau leise.

Wir forderten die Eheleute auf, ihre Diskussion in einer gemäßigten Lautstärke fortzusetzen.

«Versuchen Sie doch mal, aufeinander zuzugehen. Vielleicht wird es dann auch wieder besser in Sachen Sex», sagte ich im Rausgehen. «Allerdings sind wir keine Paartherapeuten, da müssen Sie sich schon andere Hilfe suchen. Für uns ist nur eines wichtig: Hier wird ab sofort nur noch in Zimmerlautstärke geredet.»

Der Herr des Hauses fühlte sich offensichtlich trotz unserer ausführlichen Erklärungen bestätigt und brachte uns zur Tür. Dabei nickte er ununterbrochen und frohlockte immer wieder leise. «Ich wusste es doch, ich wusste es doch, jetzt muss sie ran.»

«Nein, sie muss gar nichts, Sie sollen miteinander klarkommen», schärfte Toto ihm nochmal eindringlich ein. «Wollen Sie denn nicht, dass Ihre Frau auch Spaß daran hat und sich darauf freut? Und denken Sie dran: Vergewaltigung in der Ehe ist ein schlimmes Verbrechen, dann wird es unlustig für Sie.»

Trotzdem verabschiedete der Mann sich mit den Worten: «Vielen Dank, meine Herren. Sie haben mir sehr geholfen.»

Wir beide bezweifelten dies jedoch stark.

Im Treppenhaus sagte ich schmunzelnd zu Toto: «So etwas

Schräges haben wir ja auch noch nicht erlebt, oder? Wieso trennen die beiden sich nicht einfach? So bringt das doch gar nichts. Aber wenigstens gut, dass sie sich nicht prügeln oder Tassen werfen, sondern nur stumpf anschreien.»

Wir warteten noch kurz vor dem Haus, aber es blieb mucksmäuschenstill im dritten Stock. Obwohl das Fenster noch immer sperrangelweit offen stand.

Wieder im Streifenwagen, gab Toto an die Zentrale durch: «Ein Ehepaar zur Ruhe ermahnt, die sind jetzt erst mal still. Fragt sich nur, wie lange. Ich glaube, da werden wir in nächster Zeit noch ein paarmal hinmüssen.»

«Wieso, was war denn los?», fragte der Kollege am Funk.

«Das erzählen wir gleich in Ruhe auf der Wache. Das war mal wieder der alltägliche Wahnsinn, das glaubt ihr uns sowieso nicht», sagte Toto ins Mikrophon und steckte es zurück.

Fazit

Es existiert durchaus eine nicht näher definierte «Sexpflicht» in der Ehe. Das Bürgerliche Gesetzbuch sieht vor, dass Ehepartner zu einer «ehelichen Lebensgemeinschaft» verpflichtet sind und damit auch zu der sogenannten Geschlechtergemeinschaft. Verweigert einer der Ehepartner dem anderen Sex, so verstößt er gegen ein Grundprinzip der Ehe.

Laut diversen juristischen Grundsatzurteilen kann die Verpflichtung zum Sex noch nicht einmal durch einen Ehevertrag ausgeschlossen werden. Rechtlich durchsetzbar ist dieser Anspruch allerdings logischerweise nicht! Und wenn man ihn gewaltsam oder unter Zwang (da reichen sogar schon verbale Drohungen) durchsetzt, macht man sich der Vergewaltigung in der Ehe schuldig. Und dafür wandert man schneller in den Knast, als einem lieb sein kann.

Ist doch meine Sache, ob ich mein Auto abschließe.

Eines Tages rief ein Lkw-Fahrer bei uns in der Leitstelle an. «Sie müssen dringend jemanden vorbeischicken. Hier im Gewerbegebiet steht ein Wagen unverschlossen und mit laufendem Motor vor einer nicht beleuchteten Firma. Da stimmt was nicht.»

Wir bekamen den Einsatz gegen 19.00 Uhr über Funk mitgeteilt und machten uns gleich auf den Weg. Wir waren gespannt, was uns vor der Baufirma erwartete, denn es konnte durchaus ein Einbruch sein. Der Kollege von der Leitstelle wollte uns noch einen Wagen zur Verstärkung und notfalls sogar den Hundeführer schicken.

Es war Mitte Februar und minus fünf Grad kalt. In der Nacht sollte das Thermometer unter minus zehn Grad fallen, daher hatten wir im Spätdienst selbstverständlich unsere langen Unterhosen an. Obwohl der Himmel sternenklar war, herrschte um diese Uhrzeit schon absolute Dunkelheit.

Toto guckte mich fragend an. «Was ist das denn wieder für eine Geschichte? Wer ist denn so blöd, bricht irgendwo ein und lässt das Fluchtfahrzeug mit laufendem Motor vor dem Gebäude stehen?», fragte er.

Ich zuckte mit den Schultern. «Vielleicht besonders clevere Strategen, die meinen, so kommen sie schneller vom Tatort weg, falls einer was merkt. Sie werden es uns bestimmt erzählen, wenn wir sie erst haben.»

Wir fuhren ohne Blaulicht und Martinshorn los, damit uns die Täter nicht schon vorher bemerkten und flüchteten. Gerade mal vier Minuten später bogen wir in das beschriebene Gewerbegebiet ein. Der Lasterfahrer stand frierend an der Straße.

Ich kurbelte die Scheibe herunter. «Guten Abend, haben Sie bei der Polizei angerufen?»

«Ja, genau, der Wagen steht da vorne in der Hofeinfahrt, unverschlossen. Der Motor läuft, und weit und breit ist kein Mensch zu sehen. Da habe ich gedacht, ich sag mal besser Bescheid. Ich wollte mich eigentlich in meiner Fahrerkabine aufs Ohr hauen, aber das war mir dann doch zu verdächtig.»

«Gut, dass Sie angerufen haben. Viel zu viele Leute sehen einfach weg. Lieber einmal zu viel Bescheid gesagt als einmal zu wenig», rief Toto vom Beifahrersitz aus. «Allerdings bleiben Sie jetzt bitte in Ihrem Laster. Schließlich wissen wir nicht, mit wem wir es hier noch zu tun kriegen.»

Der Mann nickte. «Mir ist es hier draußen eh viel zu kalt, ich freue mich auf meine warme Standheizung.» Damit ging er zu seinem Vierzigtonner und stieg ins Führerhaus.

Wir fuhren unterdessen mit dem Streifenwagen langsam vor das große Gebäude der Baufirma. Der BMW stand in der Einfahrt, das Licht war aus. Aufgrund der Kälte konnte man aber deutlich sehen, dass der Motor lief, denn die Auspuffgase stiegen in den klaren Abendhimmel.

Toto machte Meldung an die Leitstelle: «Wir sind jetzt vor Ort, das verdächtige Fahrzeug steht auf dem Firmengelände, kein Fahrer zu sehen. Wann kommt denn die Verstärkung?»

«Guck mal in den Rückspiegel, da sind wir», kam prompt die Stimme des Kollegen aus dem Lautsprecher.

Wir stiegen aus und besprachen uns kurz mit dem anderen Team. Toto und ich blieben vorne, um den Wagen genauer zu untersuchen, die anderen beiden beobachteten die Rückseite des Gebäudes, falls dort verdächtige Personen auftauchten oder abhauen sollten.

Es ging los. Mit der Hand an der Dienstpistole schritten wir auf den brummenden BMW zu. Obwohl es tierisch kalt war, sorgte das Adrenalin dafür, dass wir nicht froren. Toto sicherte mich, und ich machte vorsichtig die Fahrertür auf. Sofort ging die Innenbeleuchtung an. Es war ein teurer Wagen mit Ledersitzen und Edelholzarmaturen. Der Schlüssel steckte im Zündschloss, und die Handbremse war angezogen. Ich drehte den Schlüssel um, und der Motor verstummte. Dann steckte ich den Wagenschlüssel ein.

«So, wenn einer abhauen wollte, geht das jetzt nicht mehr», sagte ich zu Toto.

Im selben Moment sprangen zwei starke Halogenstrahler an.

«Mist, Bewegungsmelder», meinte Toto. «Wenn hier Einbrecher am Werk sind, wissen sie spätestens jetzt, dass wir kommen.»

Ich zuckte mit den Schultern. «Komm, wir sehen erst mal nach, ob hier irgendwo Einbruchspuren sind.» Wir gingen mit gezogenen Pistolen auf das Gebäude zu.

Toto funkte die Kollegen an der Rückfront an. «Hier vorne ist gerade die Festbeleuchtung angegangen, passt auf, es könnte sein, dass gleich jemand flitzt.»

«Alles klar», kam es knapp zurück. «Noch ist hier alles ruhig. Wenn was ist, melden wir uns.»

Ruhig war es hier bei uns auch. Allerdings nicht mehr lange. Plötzlich dröhnte eine Männerstimme von oben: «He, was machen Sie denn da? Das ist Privatgrund.»

Wir guckten hinauf, wo an einem geöffneten Fenster ein kräftiger Mann mit hochgekrempelten Ärmeln und rasiertem Schädel stand. «Auch wenn Sie von der Polizei sind, hier bin ich der Chef!»

«Alles klar, aber wem gehört der BMW, der unverschlossen und mit laufendem Motor in der Einfahrt steht?», rief Toto zurück.

«Wollen Sie mich etwa wegen Falschparkens aufschreiben? Da muss ich Sie enttäuschen, hier ist kein Halteverbot.»

Mir platzte fast der Kragen. «Wegen Falschparkern laufen wir hier nicht mit gezogenen Pistolen herum. Wir hatten den begründeten Verdacht, dass in Ihre Firma eingebrochen wird. Also, nun seien Sie mal ein bisschen freundlicher, wir wollten nur Ihren Besitz schützen.»

Die Miene des Bauunternehmers hellte sich auf. «Ach so, sorry, ich komm mal runter.»

Wir sagten schnell unseren Kollegen auf der Rückseite des Hauses Bescheid. «Entwarnung», gab ich durch, «die Karre gehört offenbar dem Besitzer, und der ist anwesend.»

Als der Bauunternehmer mit einer dicken Felljacke vor die Tür trat, kamen auch die beiden Kollegen auf den Vorplatz.

«Mein Gott, wie viele sind Sie denn?», fragte er erstaunt.

Toto erklärte es ihm nochmal. «Wir haben einen Anruf erhalten, dass ein verdächtiges Fahrzeug in Ihrer Einfahrt steht. Da kommen wir natürlich gleich mit Verstärkung. Ist immerhin die typische Uhrzeit für einen Firmeneinbruch. Aber jetzt mal zu Ihnen: Wieso stellen Sie Ihren Wagen unverschlossen in der Dunkelheit an die Straße, noch dazu mit laufendem Motor? Wollen Sie den unbedingt loswerden?»

Der Unternehmer wiegelte ab. «Nee, aber ich lasse den BMW

bei solchen Temperaturen immer warmlaufen. Es traut sich keiner, den hier direkt vorm Hof zu klauen. Jedenfalls keiner, der mich kennt. Und überhaupt: Das kann ich doch machen, wie ich will.»

«Leider nicht», war meine klare Antwort. «Die Straßenverkehrsordnung schreibt vor, dass Sie Ihr Fahrzeug gegen unbefugtes Benutzen zu sichern haben. Und das ist bestimmt nicht der Fall, wenn Sie es offen und mit laufendem Motor an die Straße stellen. Überlegen Sie mal, da wären ein paar Kids vorbeigekommen, hätten sich reingesetzt und wären losgefahren.»

«Denen hätte ich was erzählt», polterte der Mann los.

«Ja, genau», meinte Toto. «Wann denn? Nachdem sie sich mit Ihrem Wagen um einen Baum gewickelt oder einen Fußgänger angefahren hätten? Genauso gut hätte Ihnen der Wagen gestohlen werden können. Die Reaktion Ihrer Versicherung hätte ich nur zu gern erlebt, wenn Sie denen erzählt hätten, was Sache war, als der Dieb sich reinsetzte.»

So langsam ratterte es im Kopf des Unternehmers. «Ist ja schon gut, Sie haben gewonnen.»

Toto schüttelte den Kopf. «Es geht hier doch nicht um alberne Besserwisserei. Was Sie da gemacht haben, hat erstens unnötig einen Polizeieinsatz ausgelöst, zweitens ist es sogar nach der Straßenverkehrsordnung verboten. Das habe ich Ihnen gerade schon mal erklärt. Denken Sie mal drüber nach.»

Wir ließen uns noch die Papiere des Fahrzeughalters zeigen, dann sagte ich zu ihm: «So, das war das letzte Mal, dass Sie Ihren Wagen mit laufendem Motor offen haben stehenlassen. Beim nächsten Besuch gibt es nämlich nicht nur eine mündliche Verwarnung wie jetzt, sondern ein Knöllchen. Das heißt sogar zwei, fürs nicht abgeschlossene Auto und für die Umweltsauerei mit dem laufenden Motor. Ist übrigens auch nicht gut für den Sechszylinder, fragen Sie mal Ihren Kfz-Meister.»

Wir verabschiedeten uns und gingen zum Streifenwagen zurück. Unsere Kollegen stiegen schon ein und fuhren weg, wir sagten noch eben dem Lkw-Fahrer Bescheid.

«Das konnte ich nicht wissen», entschuldigte sich der Mann.

«Das fehlt noch, dass Sie sich rechtfertigen», sagte ich. «Der Bauunternehmer hätte sich entschuldigen müssen, Sie haben alles richtig gemacht. Und jetzt angenehme Nachtruhe in Ihrem warmen Führerhaus. Da werden wir beide in unserem Bulli ja fast neidisch.»

Fazit

Das Auto muss immer abgeschlossen sein, wenn man es irgendwo stehenlässt. Die Straßenverkehrsordnung schreibt vor, dass man sein Fahrzeug so gegen unbefugte Benutzung zu sichern hat. Somit besteht eine Verpflichtung, das Fahrzeug zu verschließen. Ein Verstoß dagegen stellt eine Ordnungswidrigkeit dar und kann mit einem Verwarnungsgeld geahndet werden.

Wenn Sie Ihr Auto also im Stand warmlaufen lassen, gilt das laut Straßenverkehrsordnung als «unnötiges Laufenlassen von Motoren» und wird als Verstoß gegen die Umweltschutzbestimmungen geahndet. Das kann unter Umständen sogar ein Verwarnungsgeld nach sich ziehen.

Übrigens: Mal abgesehen vom Knöllchen schadet dieses unsinnige Warmlaufen im Stand dem Motor. Moderates Warmfahren dagegen verlängert die Lebensdauer eines Motors.

Vom Sperrmüll darf man alles mitnehmen oder einfach etwas dazustellen.

E s gibt viele Dinge, die den Beruf des Polizisten interessant machen, und eines davon ist mit Sicherheit der Umgang mit Menschen. Wir werden immer wieder mit verschiedenen Charakteren konfrontiert, mal jung, mal alt, die aus den unterschiedlichsten sozialen Schichten stammen. Dadurch wird jeder Einsatz irgendwie einzigartig. Ein Polizeibeamter wird durch seine «Kunden» oder all jene, die Hilfe brauchen, ständig vor neue Herausforderungen gestellt und muss in die unterschiedlichsten Rollen schlüpfen.

Wie hieß der Slogan damals noch, als ich eine Werbebroschüre der Polizei in die Finger bekam? «Kein Tag wie der andere!» Daneben waren irgendwelche verlockenden Angebote wie Hubschrauberflüge, Polizei-Porsche fahren (gab es früher wirklich auf der Autobahn) oder mit Pferden durch die Stadt reiten. Nun ja, zumindest der erste Teil hat sich in meinem Leben als Polizist be wahrheitet, Porsche gefahren bin ich dagegen nie. Hubschrauber und Pferde sind ja zumindest für einen kleinen Teil meiner Kollegen Wirklichkeit geworden.

Man wird es mir vielleicht nicht immer abnehmen, aber für mich ist der Beruf des Polizisten nach wie vor der schönste auf der Welt, und ich gehe wirklich jeden Tag mit Freude zum Dienst. Ich stelle mich nun mal gerne ungewissen Herausforderungen und versuche, den Menschen Freund und Helfer zu sein. Und wenn mir das mal wieder gelingt, dann empfinde ich Zufriedenheit und Glück. Aber ich will nicht abschweifen, denn es geht mir in erster Linie um den Umgang mit Menschen und um die einzigartigen, teilweise sehr skurrilen Charaktere, mit denen ich im Alltag zu tun habe.

Ein schillerndes Beispiel hierfür war Jörg, ein echtes Kind des Ruhrgebietes, ein Bochumer Jung eben. In Bochum geboren, in Bochum aufgewachsen und so gut wie nie über die Grenzen Bochums hinausgekommen. Jörg muss heute etwa achtundzwanzig Jahre alt sein, und wenn ich mich nicht ganz irre, hat er immer noch keinen Job und lebt von Hartz IV. Ich bezeichne ihn als eine skurrile Gestalt der Nacht, denn er ist meist dann unterwegs, wenn alle anderen friedlich schlafen und nur noch die Laternen in der Innenstadt wach sind.

Wir lernten Jörg vor knapp zwei Jahren kennen. Bei einer Nachtschicht im Winter fuhren wir Richtung Innenstadt und wurden auf einen Mann aufmerksam, der vor einem Frisörsalon stand. Eigentlich wäre das nichts Außergewöhnliches, aber der Kerl trug, trotz der frostigen Minusgrade, keine Oberbekleidung und streichelte sich selbst fortwährend über Brust und Bauch.

Toto bemerkte den halbnackten Nachtwandler als Erster. «Halt mal an!», rief er. «Hast du den gesehen? Lass uns den Typen mal lieber kontrollieren. Nicht dass der aus der Klapse entlaufen ist und heute Nacht erfriert.»

Ich hatte bereits abgebremst und wendete den Streifenwagen,

denn wir hatten den Mann erst aus den Augenwinkeln bemerkt, und so schnell konnte ich nicht abstoppen. Nach einem erneuten Wendemanöver blieb ich mit unserem Bulli direkt am Straßenrand vor dem Frisörsalon stehen.

«Na, dann wollen wir mal», meinte Toto und stieg aus.

Auch ich schwang mich vom Fahrersitz, um mir den ungewöhnlichen Körperfetischisten mal genauer anzusehen. Er hatte uns offenbar noch nicht bemerkt, denn er stand mit dem Gesicht zum Laden und drehte sich nicht um.

Die Situation war schon irgendwie völlig unwirklich. Da standen zwei Polizisten mit Rollkragenpullover und dickem Anorak bekleidet vor einem Mann mit freiem Oberkörper.

Aus Totos Mund kam aufgrund der eisigen Kälte eine weiße Atemwolke, als er sagte: «Polizei Bochum! Was machen Sie denn hier? Ist das nicht ein bisschen zu schattig für FKK? Drehen Sie sich bitte mal um.»

Der halbnackte Mann war ungefähr Anfang zwanzig und trug eine verschlissene Jeans. Er wirkte eigentlich nicht verwirrt, aber die Haut auf seinem Rücken war schon ganz rot. Die Antwort kam prompt, allerdings drehte er sich nicht sofort um, sondern rieb weiter auf seiner Brust herum.

«Oh, 'n Abend, ich sammle Altmetall», sagte er.

«Dafür muss man doch keinen freien Oberkörper haben, oder?», hakte ich nach.

«Da habt ihr recht, sieht wahrscheinlich komisch aus. Aber ich muss meine frischen Tätowierungen eincremen», erklärte der Mann.

Im selben Moment drehte er sich um, und mir blieb der Mund offen stehen. Auch Toto entfuhr ein erstauntes «O Mann». Der Typ war wirklich ein einziges Kunstwerk. Sein Oberkörper war übersät mit Tätowierungen, und es fand sich kein einziger freier Fleck mehr auf Brust, Hals und Armen.

«Wow, nicht schlecht», entlockten mir die wahrlich phantasievollen Motive. Ich habe auch schon mal überlegt, mir ein kleines Tattoo stechen zu lassen, aber da ich extrem großen Respekt vor Nadeln habe, ist daraus nie etwas geworden. Ich konnte mich auch nicht wirklich für ein Motiv entscheiden, das dann lebenslang auf meinem Körper prangen würde.

Nun stand quasi ein lebender Tätowierungskatalog vor mir. Jörgs Oberkörper zierten Drachen, Elfen, Zwerge, Ritter, ich konnte sogar einen Zauberer erkennen, der mich stark an die Figur des Gandalf aus *Der Herr der Ringe* erinnerte.

Als Jörg meinen bewundernden Blick bemerkte, zeigte er mit der rechten Hand darauf und sagte: «Der hier ist neu, und ich muss ihn von Zeit zu Zeit eincremen, das ist wichtig.» Zur Bestätigung reckte er uns eine Dose mit Niveacreme entgegen, die er in der linken Hand hielt. Dann nahm er einen Pullover von einem Fahrrad, das neben ihm stand, und zog sich an. «Ihr glaubt doch nicht wirklich, dass ich hier so rumrenne. Ich wäre ja längst erfroren.»

Während er auch noch eine dicke Jacke anzog, sah ich, dass neben dem Fahrrad ein kleiner Anhänger stand, auf dem alles Mögliche gestapelt war.

Jörg bemerkte meinen Blick. «Das ist mein Fahrrad, und das Altmetall habe ich da vorne vom Sperrmüll. Das ist ja wohl nicht verboten, ich räume hier sozusagen den Müll weg», erklärte er selbstbewusst und zeigte auf einen Haufen Sperrmüll, der in unmittelbarer Nähe vor einem Haus auf dem Gehweg lag.

Auf den ersten Blick erkannte ich die Reste einer Küche, einen Kühlschrank und zwei Hängeschränke, ein zerschlissenes Ledersofa, einen Computertisch, Teppichreste, eine Garderobe und einen Toilettentopf. Da zog vermutlich jemand um und hatte sich neue Möbel gekauft, oder ein Vermieter mistete eine Wohnung aus, um sie zu renovieren. Aus den Augenwinkeln sah ich, wie

Jörg seine schwarze Jacke zumachte, während ich den Fahrrad-anhänger inspizierte. Neben den Metallteilen, die Jörg während seiner nächtlichen Streifzüge an verschiedenen Orten aus dem Sperrmüll gesammelt hatte, fand sich darauf eine Tüte, mit Pfand-flaschen. Das war offenbar die zweite Einnahmequelle des Samm-lers. Das Altmetall und das Pfand machte er zu Geld und sparte es dann. Vermutlich für neue Tätowierungen, damit er seinen Körper weiterhin in ein Gesamtkunstwerk verwandeln konnte.

Noch während ich über Jörg nachdachte, öffnete sich die Haus-tür, und ein kleiner Herr mit wirrem Haar kam wild gestikulierend auf uns zugelaufen. Er hatte einen dicken Wintermantel mit Fell-kragen über den Schlafanzug gezogen.

«Guten Morgen! Gut, dass Sie hier sind», rief er uns schon von weitem entgegen. «Ich bin ja quasi ein Kollege von Ihnen, denn ich war bis zu meiner Pensionierung vor sieben Jahren beim Fund-büro, also auch Beamter in Namen der guten Sache.» Beifallhei-schend sah er uns an, und wir nickten höflich. Dann endlich rückte er mit dem Grund für sein Erscheinen heraus. «Das hier ist übrigens mein Sperrmüll. Alle Leute wühlen darin herum oder stellen noch etwas dazu! Das ist doch verboten!» Er fasste sich mit der rechten Hand ans Herz und stöhnte: «Ich habe nur bestimmte Sachen angemeldet. Wie soll ich da belegen, dass nicht alles von mir ist? Was soll ich mit dem Zeug bloß machen, wenn die Müll-abfuhr das nicht alles mitnimmt?»

Er deutete auf die gesamte Kücheneinrichtung. Das sollte of-fenbar heißen, dass diese nicht von dem pensionierten Beamten stammte, sondern dass ein Fremder sie einfach dazugestellt hatte. «Ich musste bei den Entsorgungsbetrieben genau angeben, was ich abholen lassen möchte. Alles andere nehmen die nicht mit, das gibt sicher Ärger!»

Natürlich kannten auch wir das weitverbreitete Problem mit dem Sperrmüll. Da gab es zum einen die sogenannte Sperrmüll-Fledderei, mit der unser «Kollege» offenbar keine Probleme hatte. Er schien nichts dagegen zu haben, wenn Jörg sich die Dinge herauspickte, die er noch zu Geld machen konnte.

«Ist doch schön, wenn der Mann damit noch was anfangen kann, ich brauch es ja nicht mehr, und so erfüllt es noch einen Zweck», meinte er. Über die Gegenstände, die einfach dazugestellt wurden, darunter eine halbvolle Dose mit Motoröl, regte sich der Beamte im Ruhestand dagegen völlig zu Recht auf.

Dennoch war unser Nachtwandler auf einmal verunsichert. «Wie ist das denn nun? Darf ich wirklich nichts vom Sperrmüll wegnehmen? Das Zeug hat doch jemand weggeworfen, und damit will er es eindeutig nicht mehr.»

Toto lächelte. «Eigentlich sehe ich das auch so, aber die Rechtslage sagt eindeutig, dass der Wegwerfende das Eigentumsrecht an dem Müll hat. Wenn man dagegen etwas dazustellt, ist das, als würde man Müll in der Umwelt entsorgen. Das wird richtig teuer, wenn man erwischt wird.»

«Verstehen tu ich das nicht so richtig, aber ich mach erst mal so weiter, bis mir einer was will», sagte Jörg und verabschiedete sich, genauso wie der Pensionär.

Wir waren ebenfalls froh, endlich wieder in den halbwegs warmen Bulli zu kommen.

«Los, jetzt fahren wir erst mal auf die Wache und trinken einen heißen Kaffee, den haben wir uns verdient. Dann erzählen wir den anderen von dem skurrilen Fall», sagte ich zu Toto.

Wir haben Jörg in den Jahren danach immer mal wieder getroffen, wenn er Sperrmüll und Pfandflaschen gesammelt hat. Alle Welt kennt und mag ihn als Bochumer Unikum, und man sieht ihn immer mit seinem Fahrrad und dem kleinen Anhänger. Trotzdem sollte er weiterhin beim Müllsammeln vorsichtig sein, denn gewisse Rechtsvorschriften muss auch er beachten – selbst wenn sie nicht so recht nachzuvollziehen sind!

Sperrmüllfledderei ist ein Hobby, das sich immer größerer Beliebtheit erfreut. Viele Menschen sammeln auf der Straße noch brauchbare Gegenstände ein und verhökern sie später bei eBay oder sonst wo. Es gibt immer noch keine höchstrichterliche Entscheidung zu der Frage, ob es erlaubt ist, Sperrmüll mitzunehmen, oder nicht. Fakt ist: Wenn der frühere Eigentümer nicht möchte, dass jemand sich seine Dinge aus dem Sperrmüll aneignet, kann man nicht von einer Eigentumsaufgabe sprechen. Wer Sachen mitnimmt, muss sie auf Verlangen des Eigentümers wieder aushändigen – auch wenn sie aus dessen Müll stammen. Ansonsten macht man sich eines Diebstahls oder einer Unterschlagung strafbar.

Auf der anderen Seite darf man nicht einfach Gegenstände zu einer Sperrmüllsammlung dazustellen. Bei der Frage, ob es sich um eine Ordnungswidrigkeit oder um eine Straftat handelt, kommt es vor allem auf die Art der abgestellten Dinge an. Wenn Sie Müll dazustellen, handelt es sich zumindest um eine Ordnungswidrigkeit, wenn nicht sogar um eine Straftat.

Daher Sperrmüll immer selbst anmelden und gefährliche Stoffe zum Wertstoffhof oder zur Deponie bringen. Wenn es sich beispielsweise um Altöl handelt, begeht man einen Verstoß nach dem Strafgesetzbuch. Da ist das rechtmäßige Entsorgen mit weitaus weniger Ärger verbunden. Abgesehen davon sollte man auch immer daran denken, dass Kinder oder Tiere sich an den gefährlichen Abfällen vergiften könnten.

Auf deutschen Straßen darf ich so langsam fahren, wie ich möchte, und Rechtsüberholen ist immer verboten.

Wir saßen spätnachmittags im Aufenthaltsraum unserer Wache und hatten bisher mal wieder keine Zeit für einen Kaffee gehabt. Ein Betrunkener, ein Unfall mit Blechschaden und ein vermisstes Kind im Kaufhaus hatten uns daran gehindert. Jetzt hatten Toto und ich endlich eine dampfende Tasse vor uns auf dem Tisch stehen. Während ich den ersten Schluck nahm, meinte Toto trocken: «Warte mal ab. Noch zehn Sekunden, dann müssen wir los, und der Kaffee wird wieder kalt.»

Die Kollegen waren tatsächlich bereits alle im Einsatz, und damit hatte Toto leider recht: Wenn jetzt ein Notruf hereinkäme, wären wir sofort dran.

Zum Glück irrte er sich, und es dauerte immerhin eine knappe Minute, bis uns der Funker auf dem Telefon anrief, das mitten auf dem großen Pausentisch steht.

«Hört mal, ihr zwei», sagte Martin. «Tut mir leid um eure Kaffeepause, aber wir haben offenbar einen Betrunkenen auf dem Innenstadtring. Hier haben sich gerade innerhalb einer Minute vier Autofahrer gemeldet, die sich über einen schleichenden Jetta aufregen. Es bildet sich wohl schon ein Stau, passt doch perfekt im Berufsverkehr. Es soll auch schon zu Beinaheunfällen gekommen sein, weil alle versuchen, den Schleicher zu überholen.»

Toto seufzte. «Na komm, wir schütten uns nachher einfach noch ein bisschen heißen Kaffee dazu, dann schmeckt er wieder. Wir haben jeder bestimmt schon drei Schlucke getrunken, was wollen wir mehr.»

Der ironische Unterton war nicht zu überhören, aber was nützte es? Wir standen auf, nahmen unsere leuchtend gelben Jacken vom Haken und gingen in den Hof, wo unser Streifenwagen stand. Als wir losfuhren, meldete der Kollege über Funk, dass der Jetta kurz vorm Hauptbahnhof war, Fahrtrichtung Ostring.

Ich gab Gas und sagte zu Toto: «Komm, dem fahren wir entgegen und stoppen ihn an der Kreuzung, bevor es gleich wirklich noch einen Unfall gibt oder jemand an der Ampel angefahren wird.»

Wir waren mit Blaulicht Richtung Hauptbahnhof unterwegs und achteten auf den Gegenverkehr. Nach zwei Minuten entdeckten wir den gemeldeten, vermutlich alkoholisierten Fahrer. Der weinrote Jetta schlich mit weniger als zehn Stundenkilometern auf der linken Spur, wild hupend überholten ihn andere Autos rechts, und die Fahrer gestikulierten wie wild. Ich lenkte auf die Gegenfahrbahn, und Toto sagte über den Außenlautsprecher: «Achtung, hier spricht die Polizei, bitte halten Sie alle an. Und Sie mit dem Jetta fahren bitte mal rechts ran.»

Ein Mercedes-Fahrer, der gerade an dem Schleicher vorbeiziehen wollte, klatschte hinter seinem Lenkrad Beifall, nickte uns freundlich zu und zeigte uns den hochgereckten Daumen. So weit das Auge reichte, sahen wir Autos Stoßstange an Stoßstange. Im Schritttempo fuhr der weinrote Wagen auf den Gehweg zu. An der Bordsteinkante würgte der Fahrer das Auto fast noch ab, im zweiten Anlauf schaffte es der Volkswagen dann aber schließlich auf den Bürgersteig.

Wir stellten unseren Streifenwagen dahinter, und der Berufsverkehr konnte endlich wieder flüssig rollen. Während ich den Zündschlüssel abzog, stieg Toto schon aus und ging zu dem Jetta. Da öffnete sich auch schon die Wagentür, und ein Rentner, wirklich wie im schlechten Witz mit Hut, kam aus der Tür gekrochen. Sofort wetterte er los: «Gut, dass Sie kommen. Sie müssen die alle anhalten. Diese Rabauken sind allesamt rechts an mir vorbeigefahren. Und rechts überholen ist streng verboten, das weiß doch jeder. Los, Sie müssen die stoppen und bestrafen.»

Wir beiden guckten uns an und mussten grinsen. Toto holte den älteren Herrn in seinem schwarzen Mantel und der Nickelbrille erst mal auf den Gehweg. «Nicht dass Sie von den Rabauken auch noch überfahren werden», sagte er. «Dann bräuchte ich von Ihnen mal bitte Führerschein und Fahrzeugschein.»

Der Rentner wirkte unwillig. «Wieso denn von mir, Sie müssen erst mal Ihre Kollegen verständigen, damit die Straßensperren einrichten können. Man muss diese Verkehrsrowdys doch stoppen und einsperren. Da haben mir ein paar sogar frech den Vogel gezeigt, unglaublich, oder?»

Das war wirklich alles unglaublich. Wie sollten wir dem aufgebrachten Herrn nur klarmachen, dass er derjenige war, der falsch fuhr? Das würde er nie verstehen. Aber ihn einfach weiterfahren lassen, das ging im Interesse aller Verkehrsteilnehmer auch nicht. So fing ich vorsichtig an.

«Warum haben die anderen wohl alle gehupt und Sie rechts überholt?», fragte ich freundlich. «Überlegen Sie mal, was glauben Sie?»

«Das kann ich Ihnen sagen, Herr Schutzmann. Weil die heute alle keine Zeit mehr haben und nichts schnell genug geht. Aber die haben nicht mit mir gerechnet. Ich fahre jetzt seit sechsundsechzig Jahren Auto, da schüchtert mich keiner mehr ein.»

Toto hielt mir den Führerschein rüber. Der Rentner war wirklich schon stolze achtundachtzig Jahre, das hätte ich nicht gedacht. Dafür sah er noch recht rüstig aus und war gut beisammen. Aber das Autofahren sollte er vielleicht langsam mal einstellen.

Ich versuchte es noch einmal. «Wissen Sie, ich verstehe ja, was Sie meinen», setzte ich an. «Aber Sie waren für alle anderen ein Verkehrshindernis. Das ist auch gefährlich, weil durch das Drängeln und Überholen beinahe Unfälle passiert wären. Warum fahren Sie denn so extrem langsam?»

«Warum, warum. Warum wohl? Weil meine Augen auch nicht besser werden und ich keinen überfahren will. Das ist doch wohl richtig, Herr Schutzmann», regte der Rentner sich auf.

Ich legte dem älteren Herrn einen Arm um die Schulter. «Meinen Sie nicht, dass Sie den Führerschein lieber abgeben sollten, bevor noch was passiert? Ich meine, wenn Sie kaum noch was sehen, ist das doch gefährlich.» Da hatte ich aber was gesagt!

«Sie reden ja schon wie mein Sohn», protestierte er. «Kommt nicht in Frage. Ich bin seit Jahrzehnten unfallfrei unterwegs und kann Ihnen meine ganzen ADAC-Ehrennadeln zeigen. Wenn ich jetzt lieber vorsichtig fahre, dann ist das nur vernünftig. Ich bin doch kein Hindernis. Ich sorge nur dafür, dass alle langsamer fahren. Dann passiert eben auch weniger.»

Wir merkten schon, bei dem liebenswerten älteren Herrn war es schwierig, mit Argumenten weiterzukommen. Ich sah aber noch eine Chance.

«Wenn Ihr Sohn das nicht versteht, kommen Sie mit ihm doch mal zur Wache, dort unterhalten wir uns dann bei einer guten Tasse Kaffee in Ruhe.»

«Apropos Kaffee, der ist höchstens noch lauwarm, bis wir zurück sind», meinte Toto leise zu mir.

Der Rentner guckte mich währenddessen dankbar an und meinte: «Das mach ich, bestimmt. Wäre Ihnen morgen früh recht? Mein Sohn ist auch schon Rentner, wir haben immer Zeit.»

«Je eher, desto besser», nuschelte Toto mir zu. «Der muss den Lappen abgeben, aber auf friedlichem Wege.»

Lächelnd sagte ich zu dem Rentner: «Gerne, um elf bin ich auf der Wache, dann machen wir es uns gemütlich. Aber nur, wenn Sie mir versprechen, dass Sie morgen Ihren Sohn fahren lassen, das ist sowieso angenehmer, auch mal chauffiert zu werden.»

Der Mann lächelte. «Ja, das strengt schon an mit dem Fahren, besonders wenn die Augen nachlassen. Da soll mein Junge ruhig mal hinters Steuer. Darf ich denn jetzt weiter nach Hause fahren?»

«Eigentlich müssten Sie ein Verwarnungsgeld bezahlen, aber wir belassen es mal beim morgigen Gespräch», sagte Toto. «Wie weit haben Sie es denn noch?»

«Ach, bloß hier rechts den Berg hoch, bis kurz vors Planetarium, dann bin ich zu Hause», erwiderte der alte Herr.

«Dann fahren wir mal hinterher, nicht dass wieder jemand hupt und Sie ärgert», schlug ich vor.

«Das ist aber nett», meinte der Rentner, und dann ging es im Schritttempo nach Hause. Und wir im Streifenwagen mit Warnblinklicht hinterher.

Am nächsten Tag erschienen Vater und Sohn pünktlich um elf auf der Wache. Nach einem kurzen Blickwechsel zwischen Toto, mir und dem Junior war schnell klar, dass wir alle drei das Gleiche wollten. Im Gespräch bei der versprochenen guten Tasse Kaffee in unserem Aufenthaltsraum zeigte sich der Achtundachtzigjährige wider Erwarten immer einsichtiger. Als ihm sein Sohn auch noch hoch und heilig versprach, ihn immer zu fahren, wenn er irgendwohin wollte, war die Entscheidung gefallen.

«Nicht dass ich mit dem Bus zu meiner wöchentlichen Herrenrunde fahren muss», stellte der Rentner eine letzte Bedingung und holte fast feierlich seinen zerfledderten Führerschein aus der Manteltasche. «So, das war's jetzt also, hier ist er», sagte er und hielt ihn uns hin. «Müssen wir den jetzt wirklich wegwerfen? Das wäre doch schade, wo er mir so lange treu geblieben ist.»

Ich schüttelte den Kopf. «Nee, keine Sorge, den entwerten wir nur, und Sie versprechen uns, dass Sie ihn zu Hause an die Wand hängen und nie mehr fahren. Dann passt das schon.»

Nachdem die beiden gegangen waren, saßen Toto und ich beim Rest unseres Kaffees.

«Gestern haben wir hier genauso gesessen. Wer hätte gedacht, dass wir so eine Geschichte erleben. Zum Glück mit einem schönen Ende. Mal sehen, was uns beiden heute so passiert.»

Fazit

Dass man so langsam fahren darf, wie man will, stimmt nicht! Auf bestimmten Straßen gibt es sogar eine vorgeschriebene Mindestgeschwindigkeit, um diese überhaupt benutzen zu dürfen. Wer mit seinem Fahrzeug zum Beispiel eine Autobahn befahren will, muss eine Höchstgeschwindigkeit vorweisen, die über 60 km/h liegt. Mofas, Mopeds und Traktoren dürfen daher in der Regel gar nicht auf solche Straßen. Sie dürfen Autobahnen auch dann nicht benutzen, wenn aufgrund der Verkehrsdichte die gefahrene Geschwindigkeit ein langsameres Fahren zuließe.

Außerdem gilt auf allen Straßen, dass man durch unangemessen langsames Fahren keinen anderen Verkehrsteilnehmer behindern darf. Das kann sogar als Nötigung gewertet werden. Verstöße werden mit einem Verwarngeld geahndet und können im Extremfall sogar Bußgelder und Punkte in Flensburg nach sich ziehen. Rechtsgrundlage ist die StVO.

Auch mit dem Rechtsüberholen verhält es sich anders, als viele denken: Es ist nicht grundsätzlich verboten, sondern in manchen Situationen sogar durchaus erwünscht:

1. Innerorts überall dort, wo mehrere Fahrstreifen markiert sind.

2. Wenn sich eine Kolonne auf dem linken von mehreren Richtungsfahrstreifen langsam, will heißen mit maximal 60 km/h bewegt, dürfen Einzelfahrzeuge rechts vorsichtig überholen. Dabei darf das überholende Fahrzeug maximal 20 km/h schneller sein.

3. Wenn sich auf mehreren Fahrstreifen Kolonnen befinden, so dürfen sich diese gegenseitig überholen.

4. Rechtsüberholen ist auch auf mit Pfeilen markierten Fahrstreifen erlaubt.

5. Wer sich zum Linksabbiegen eingeordnet hat, darf nur rechts überholt werden.

6. Auf den Beschleunigungsspuren der Autobahnen darf man den fließenden Verkehr, zum Beispiel einen langsamen Lastwagen, rechts überholen. Dies gilt jedoch nicht für die Verzögerungsspur in der Ausfahrt.

7. Radfahrer dürfen ein auf dem rechten Fahrstreifen wartendes Fahrzeug vorsichtig rechts überholen, wenn ausreichend Platz dafür vorhanden ist.

8. Straßenbahnen und Schienenfahrzeuge dürfen nur rechts überholt werden – außer in Einbahnstraßen oder wenn die Schienen zu weit rechts liegen.

Wenn ein Fahrer dagegen unerlaubt rechts überholt, bedeutet das fast immer ein Bußgeld. Kommt es zum Verkehrsunfall im Zusammenhang mit einem Fehler beim Rechtsüberholen, wird in der Regel eine Ordnungswidrigkeitsanzeige geschrieben, und es gibt Punkte in Flensburg. Bei schweren Verkehrsunfällen kann es sogar zu Verurteilungen kommen. Rechtsgrundlage ist auch hier die StVO.

Mundraub ist nicht strafbar!

Wir waren gerade in der Bochumer Fußgängerzone unterwegs, als über das Handfunkgerät ein neuer Einsatz kam. «Toto, Harry, fahrt mal zum großen Supermarkt. Die warten in der Gartenabteilung auf euch. Mal wieder ein Ladendieb.» Wir gingen zurück zu unserem Streifenwagen und fuhren in der Dämmerung dorthin. Als wir das Geschäft betraten, fragten wir den Mann an der Information, wo wir hinmüssten.

«Weiß ich doch nicht, was wollen Sie denn kaufen?», fragte er unfreundlich.

Toto zuckte die Achseln. «Wir wollen nichts kaufen, wir sollen uns um einen Ladendieb kümmern», erwiderte er.

Davon wusste der Mann jedoch nichts. Komisch, dass immer die Leute an der Information sitzen, die am wenigsten wissen. Aber das ist ein anderes Thema. Ist ja auch nicht strafbar – leider …

Der ausgerufene Marktleiter kam tatsächlich nach stolzen fünf Minuten vorbei und führte uns in die Gartenabteilung. Auf dem Weg dahin erzählte er uns, was passiert war.

«So etwas habe ich wirklich noch nie erlebt. Wie dreist kann ein Mensch sein?», schimpfte er und schüttelte dabei überdeutlich den Kopf, als müsste er uns Ahnungslosen nochmal klarmachen, was für ein unglaublicher Kriminalfall da auf uns wartete.

Der Marktleiter war ein kleiner, dicklicher Mann mit schütterem Haar. Er trug ein Hemd mit der Werbung des Ladens und dazu eine gemusterte Krawatte.

Darüber kann man auch den Kopf schütteln, dachte ich so bei mir. Toto hatte offenbar ähnliche Gedanken, denn er grinste mich an und deutete dann mit dem Kinn auf den untersetzten Mann vor uns.

Der erzählte munter weiter. «Der Kunde hat unser Geschäft vor ungefähr einer halben Stunde betreten. Er ist dem Ladendetektiv sofort durch sein seltsames Äußeres aufgefallen.»

Ich musste fast laut auflachen. Wie musste der Täter denn angezogen sein, wenn er in diesem Laden auffiel, wo der Chef schon selbst seltsam aussah.

«Wenn wir hier um die Ecke biegen, dann sehen Sie ihn. Er sitzt auf der Hollywoodschaukel», erklärte der Chef.

Wir bogen um ein Regal mit Blumentöpfen und Hängegeranien, und dann sahen wir ihn.

Der Dieb, der mit einem ungewöhnlich strahlenden Lächeln auf den beschriebenen Gartenmöbeln kauerte, war wirklich eine Erscheinung. Sofort war klar, was der Ladendetektiv mit «auffälligem» Äußeren meinte. Der Mann war mit einem bis zu den Knöcheln reichenden braunen Pelzmantel bekleidet. Darunter lugten zwei nach vorne extrem spitz zulaufende Cowboystiefel hervor. Jeden seiner zehn Finger zierte ein goldener Ring, teilweise mit dicken, farbigen Steinen besetzt. Der Mann trug eine verspiegelte

Sonnenbrille und als Krönung eine Elvisfrisur: schwarze, vermutlich gefärbte Haare voller Gel, die streng nach hinten gekämmt waren. Dazu die entsprechende Tolle und ausgeprägte Koteletten.

Wie sich später herausstellte, passte sogar der Spitzname des polizeilich bereits hinreichend bekannten Mannes zu ihm. Dieser lautete natürlich Elvis, nach der gleichnamigen Rocklegende!

Jetzt kam der Ladendetektiv dazu. Ein blasser Mann Mitte dreißig, der aussah, als wollte er für seine Frau, nein, eher für seine Mutter eine Palette Stiefmütterchen kaufen. Die perfekte Tarnung. «Guten Tag, die Herren. Ich habe den Mann beobachtet, als er Bier gestohlen hat, ihn aber kurz darauf in der Lebensmittelabteilung wieder aus den Augen verloren. Allerdings nicht lange, passen Sie mal auf.» Dann ging der Sicherheitsmitarbeiter zu dem Gang mit den Blumentöpfen und blickte zu uns rüber. «Als ich hier um die Ecke kam, dachte ich, ich sehe nicht richtig. Wir haben ja diese kleine Gartenabteilung mit ein paar Möbeln und anderen Artikeln für Balkon und Terrasse. Da sitzt dieser Mensch auf einer Hollywoodschaukel, hat den davorstehenden Plastiktisch für sich reichlich gedeckt und ist gemütlich dabei, die gerade gestohlenen Sachen an Ort und Stelle aufzuessen. Er hatte sich vorher in unserer Lebensmittelabteilung nämlich ganz offensichtlich nicht nur eine Dose Bier geschnappt. Der dreiste Typ hat sich auch mit Bockwürstchen und Brot eingedeckt und es sich dann hier gemütlich gemacht. Aber das Beste kommt erst noch. Da sagt er doch glatt zu mir, ich könne ihm gar nichts. Er habe Hunger, und das sei schließlich nur Mundraub. So was sei erlaubt, er sei ein notleidender Mensch.»

Wie zur Bestätigung waren von der Hollywoodschaukel ein lauter Rülpser und ein «Genau» aus dem Mund von Elvis zu vernehmen. Der Detektiv zeigte uns den Gartentisch, auf dem nur noch die Reste der Mahlzeit standen. Als wir zu dem dreisten «Mundräuber» gingen, grinste er immer noch. Leider mussten wir Elvis nun eines Besseren belehren.

«Das ist Diebstahl, egal ob Sie die Sachen gleich hier verputzt haben oder sie mitgenommen hätten. Wir reden hier ja nicht davon, dass Sie eine Kirsche von einem Baum genommen und probiert haben, sondern Sie haben gezielt mehrere Produkte aus der Lebensmittelabteilung gestohlen. Das ist eine klassische Straftat.»

An Elvis' Gesichtsausdruck war zu erkennen, dass er das ganz anders sah. «Ich hatte aber echt üblen Hunger, ich habe mich ja nicht bereichert, sondern nur was gegessen. Und Geld habe ich im Moment keins.»

Ich sah ihn mitleidig an. «Gegen das Essen haben wir ja nichts», sagte ich. «Sie müssen es nur vorher bezahlen. Wie andere Leute auch. Und wenn Sie kein Geld haben, dann müssen Sie zum Sozialamt oder zur Kirche gehen.»

«Ich muss gar nichts, ich esse was, wenn ich Hunger habe. Aus und Schluss», kam prompt die freche Antwort.

Wir ließen uns von dem Marktleiter auflisten, was der ungewöhnliche Dieb alles gegessen und getrunken hatte. Immerhin 13,73 Euro kamen da zusammen.

Toto zeigte Elvis die Liste. «Hier, mein Freund. Jetzt stellen Sie sich mal vor, Sie machen das jeden Tag so. Dann wäre das im Monat ein Schaden von fast vierhundert Euro. Und das nennen Sie Mundraub?», setzte er dem Mann auseinander.

Wieder kam eine dreiste Antwort. «Was kann ich denn dafür, wenn der Laden hier so teuer ist?»

Der Fall war hoffnungslos. Daher stellte der Chef einen Strafantrag, wir schrieben eine Strafanzeige wegen Diebstahl und nahmen Elvis mit zur Wache. Nach insgesamt sechs Dosen Bier war es wohl besser, dass der dreiste Dieb ein paar Stunden in unserem Gewahrsam schlief, bevor er neuen Ärger machte.

Bis 1976 existierte der sogenannte Mundraub-Tatbestand, der allerdings auch damals schon nicht straffrei war. Der Begriff «Mundraub» stammt aus dem Mittelalter, als die Menschen wirklich Hunger litten. Wenn seinerzeit jemand nachweisen konnte, dass er kurz vor dem Hungertod stand und nur etwas Nahrung gestohlen hatte, ging er straffrei aus oder bekam eine milde Strafe.

Heute gibt es diesen landläufig verbreiteten Mundraub nicht mehr. Egal ob Sie unerlaubt einen Apfel vom Baum Ihres Nachbarn pflücken oder im Supermarkt etwas aus Hunger in die Tasche stecken, es handelt sich jedes Mal um Diebstahl. Meistens wird ein Staatsanwalt den Fall natürlich einstellen, wenn es um eine Kirsche oder einen Apfel vom Baum geht. Deckt sich dagegen jemand im Supermarkt ein, hört der Spaß endgültig auf. Schließlich gibt es heute Sozialämter, die einen jeden Bürger unterstützen. Davon abgesehen können Bedürftige zu einer der zahlreichen «Tafeln» gehen, wo sie ein warmes Essen bekommen und Lebensmittel für zu Hause mitnehmen dürfen.

Rechtsgrundlage ist hier das Strafgesetzbuch. Es handelt sich also beim geschilderten Fall nicht um einen im Volksmund verbreiteten Mundraub, sondern um einen klassischen Diebstahl oder um einen Diebstahl geringwertiger Sachen.

**Münzen sind auch Geld, die müssen
angenommen werden.**

Wir hörten das Weinen des kleinen Jungen schon auf der Rolltreppe, obwohl wir noch ein Stockwerk unter der Spielzeugabteilung in der vierten Etage waren. Die Leitstelle hatte uns in das Kaufhaus geschickt, weil eine völlig aufgebrachte Mutter bei der Polizei angerufen hatte.

Der Kollege am Funk wusste jedoch auch nicht, was genau das Problem war. «Irgendwas will der Sohn der Anruferin kaufen, und die geben es ihm nicht. Ich werd da nicht ganz schlau daraus, aber im Hintergrund habe ich das Weinen des Kleinen gehört. Und eine meckernde Verkäuferin.»

Jetzt vernahmen wir also das Weinen des Kindes, und einen Moment später kam wie auf Kommando auch ein Meckern dazu. Allerdings wussten wir nicht, ob die Frauenstimme zu der Mutter oder zu der Verkäuferin gehörte. Als wir mit der Rolltreppe endlich oben ankamen, sahen wir vier Frauen und ein schluchzendes

Kind an der Kasse stehen. Der Junge saß auf einem großen blauen Karton und hatte den Kopf in den Händen vergraben.

Als wir näher kamen, erblickte uns die Mutter, eine gutaussehende Frau Anfang dreißig, die eine Jeans und einen hellen Sommermantel trug.

Die Frau war regelrecht außer sich. «Endlich. Das hier ist ein unmöglicher Laden», wetterte sie los. «Gucken Sie sich mal meinen traurigen Malte an. Der ist gar nicht mehr zu beruhigen. Und das alles nur wegen ihr.» Sie zeigte auf eine Verkäuferin, deren Namensschild den Zusatz «Filialleiterin» zierte.

Harry stellte als Erstes die wichtigste Frage: «Was ist denn hier eigentlich das Problem?»

Bevor die Mutter erneut losschimpfen konnte, meldete sich die Filialleiterin zu Wort. «Die Dame will mit ihrem Sohn hier Weltspartag spielen. Nur machen wir da nicht mit, das müssen wir nämlich nicht.»

Harry guckte mich fragend an, doch auch ich wusste nicht, was damit gemeint war.

«Weltspartag?», fragte ich.

Die Mutter drohte zu explodieren, ihre Wangen waren schon gerötet. «Mein Malte spart seit über einem Jahr auf diese große Ritterburg», legte sie los. Als wären wir völlig dämlich, zeigte sie demonstrativ auf den Karton, auf dem ihr Sohnemann saß. «Jeder einzelne Euro fürs Helfen, Aufräumen oder Liebsein kam in sein Sparschwein. Jetzt hat er seit gestern die hundertneunundzwanzig Euro beisammen und konnte heute Nacht vor Aufregung fast nicht schlafen. Wie versprochen bin ich mit ihm los, um die Burg zu kaufen. Und jetzt das: Die Damen hier wollen sie meinem Malte nicht geben.»

Tröstend und zugleich anklagend strich sie ihrem Kind über den blonden Wuschelkopf. Sofort fing der Junge wieder an, laut zu schluchzen.

Das wollte die Filialleiterin nicht auf sich und ihren zwei Kassiererinnen sitzenlassen. «Das ist so nicht richtig. Natürlich verkaufen wir dem Jungen die Ritterburg, aber wir nehmen nicht diesen riesigen Kasten Kleingeld an.» Sie deutete auf eine Spardose, die wie eine Schatzkiste aussah.

Auf der Kiste waren ein Schwert, Kanonen und Ritter abgebildet. Das war die Spardose von Malte, so viel war klar, denn der fünfjährige Junge hatte das gleiche Ritterschwert mitten auf seinem T-Shirt. Er war ganz offensichtlich ein großer Ritterfan.

«Also, erst mal finde ich es peinlich, sich vor dem Kind hier so in die Haare zu kriegen», wandte Harry sich freundlich an die Filialleiterin. «Zweitens wundere ich mich, warum Sie das Kleingeld nicht annehmen wollen. Ich habe den Satz ‹Haben Sie es nicht klein?› schon so oft gehört. Da müssten Sie sich doch freuen über diese Schatztruhe.» Dann sah er die Mutter an. «Und wenn das alles nicht klappt, warum gehen Sie nicht einfach in einen anderen Laden? Sie sind die Kundin und haben es in der Hand.»

«Erstens ist die Burg hier im Angebot, woanders reicht das Geld nicht», antwortete die Mutter prompt. «Und zweitens sollte der Kunde eigentlich König sein, aber das ist ja ein altbekanntes Problem in Deutschland. Ich will ein teures Spielzeug kaufen und werde behandelt wie eine Betrügerin. Das lasse ich mir nicht gefallen.»

Harry gab nicht auf. «Haben Sie denn keine EC-Karte dabei, dann können Sie den Betrag bezahlen, und der Junge gibt Ihnen seine Ersparnisse.»

Das gutgemeinte Angebot verpuffte. «Nee, nicht mit mir. Malte möchte die Burg gerne selbst bezahlen, da freut er sich schon so lange drauf.»

Ich drehte mich zu den Verkäuferinnen um. «Ist es wirklich nicht möglich, eine Ausnahme zu machen und das Münzgeld anzunehmen? Sie sehen doch, wie traurig der Junge ist», sagte ich.

Die Filialleiterin setzte eine gewichtige Miene auf. «Nein, das geht nicht», meinte sie. «Wir haben unsere Vorschriften, und die halten wir ein. Immerhin ist es gesetzlich geregelt, dass wir mehr als fünfzig Münzen nicht annehmen müssen. Wir sind doch keine Bank.»

Auch ich gab nicht so schnell auf. «Aber wir reden hier nicht von Eimern voll mit Ein-Cent-Münzen, sondern von knapp hundertdreißig Ein-Euro-Münzen.»

An dem Gesicht der Frau sah ich bereits, dass sie nicht zu erweichen war. In diesem Moment trat eine ältere Dame hinzu. Sie war bestimmt schon siebzig Jahre alt und hatte die grauen Haare zu einem Knoten zusammengebunden. Sie trug ein Kleid mit bunten Blumen, das gut zu ihrem freundlichen Gesicht passte.

«Ich verfolge das ganze Theater schon seit ein paar Minuten.» Sie schaute den Jungen mitleidig an. «Komm mal her, mein Kleiner, hier hast du hundert Euro in Scheinen», sagte sie und hielt ihm zwei Fünfziger hin. «Den Rest deiner Münzen nehmen diese uneinsichtigen Damen ja dann wohl an», fügte sie hinzu und bedachte die Verkäuferinnen mit einem finsteren Blick.

Die Mutter ging auf die Rentnerin zu. «Vielen Dank, aber das müssen Sie nicht tun.»

«Das weiß ich, aber der Kleine erinnert mich an meinen Enkel, und der wohnt leider in Berlin, weshalb ich ihn kaum zu Gesicht bekomme. Ich kann Kinder nun mal nicht weinen sehen», erwiderte sie freundlich.

Die Mutter blickte die Filialleiterin vorwurfsvoll an. «Es gibt also doch noch Menschen mit Herz», sagte sie.

Dann zählte sie hundert Euro in Münzen ab und gab sie der netten alten Dame. Die Rentnerin lächelte und steckte das Münzgeld in ihre Handtasche. Auch Malte konnte wieder strahlen und bedankte sich artig bei der Frau, ohne dass seine Mutter ihn dazu auffordern musste.

Mit den beiden Scheinen und dem restlichen Kleingeld marschierte er zu den Verkäuferinnen. «Da, bitte schön, krieg ich jetzt meine Burg?»

Die Filialleiterin war nun doch ein wenig beschämt. «Aber klar, mein Junge», sagte sie bemüht freundlich.

Die Mutter konnte sich ein süffisantes Lachen und ein «Ach nein» nicht verkneifen. Aber das war Malte egal, er war glücklich und hielt den großen Karton fest in seinen Händen.

Die liebe ältere Dame strich ihm zärtlich über den Kopf. «So, mein Junge, dann viel Spaß damit», sagte sie, drehte sich zu den Verkäuferinnen um und fügte laut hinzu: «Sie haben mich heute ganz sicher das letzte Mal gesehen, hier kaufe ich nicht mehr ein. Und das werde ich auch meinem gesamten Kaffeekränzchen empfehlen. Auf Wiedersehen, die Damen.» Dann lächelte sie plötzlich wieder und nickte uns zu. «Und Ihnen auch noch einen schönen Tag.»

Harry musste grinsen, als er die geknickten Mienen der Angestellten sah.

«Na ja, eine große Hilfe waren Sie mir nicht gerade. Trotzdem danke, dass Sie gekommen sind», meinte die Mutter, als sie es bemerkte.

Freundlich erklärte ich ihr, dass die Verkäuferinnen grundsätzlich im Recht seien. «Die Damen müssen nur bis zu fünfzig Münzen annehmen. Natürlich hätten sie jedoch einfach auch mehr Kleingeld annehmen können. Besonders, da es Ein-Euro-Münzen sind und der Kleine sich so darauf gefreut hat.»

Wir verabschiedeten uns und hörten auf der Rolltreppe nach unten, wie die Mutter blaffte: «Auf Wiedersehen kann ich leider nicht sagen, denn wir werden uns hier ebenfalls nicht mehr blicken lassen. Ich schließe mich der Dame an und werde überall Werbung gegen Ihren Laden machen. So, Malte, und jetzt gehen wir nach Hause.»

Fazit

Eigentlich sollte man meinen, Geld sei Geld. Aber im Münzgesetz (MünzG) ist klar geregelt, bis zu welcher Höhe man als Geschäftsinhaber dazu verpflichtet ist, Münzzahlungen anzunehmen. Mehr als fünfzig Münzen (egal welchen Wertes) müssen nicht akzeptiert werden.

Die Verkäuferinnen hätten natürlich trotzdem die Ein-Euro-Stücke des Jungen annehmen dürfen, aber ihnen waren die Vorschriften wichtiger als die Zufriedenheit der Kunden. Bei einem Wassereimer voll mit Cent-Münzen kann man das Verhalten der Angestellten durchaus nachvollziehen, aber in dem besonderen Fall kann man darüber eigentlich nur den Kopf schütteln.

Eltern haften für ihre Kinder.

rma elf-fünfunddreißig! Toto, Harry! Fahrt mal bitte zur Feld-sieper Straße. An der Baustelle dort hält der Polier zwei Jungen fest. Die beiden Kinder haben wohl Mist gebaut und irgendwas beschädigt.» So klang es blechern aus dem Lautsprecher des Funkgerätes in unserem Streifenwagen.

Toto erwiderte nur kurz: «Da werden sich die Eltern aber freuen.»

Da wir uns zufällig in der Nähe befanden, trafen wir bereits wenige Minuten später am Einsatzort ein.

Vor dem Rohbau eines modernen Bürogebäudes stand ein Mann mit Sicherheitsstiefeln und einem leuchtend gelben Helm auf dem Kopf. Daneben warteten zwei kleine Jungen, die noch die Schultornister auf dem Rücken hatten. Wir stiegen aus und gingen auf das ungewöhnliche Trio zu.

«So, ihr beiden Übeltäter, jetzt gibt's Ärger, da kommt die Polizei. Zieht euch schon mal warm an», drohte der Bauleiter den beiden Kindern.

Die Jungen standen mit gesenkten Köpfen vor uns, und der vermutlich jüngere, weil etwas kleinere der beiden, weinte leise vor sich hin.

«Na, habt mal keine Angst. Die Polizei ist euer Freund und Helfer, ihr müsst euch vor uns nicht fürchten», begrüßte ich sie.

«So, Chef, jetzt ist ja gut, die Kinder sind ganz offensichtlich reumütig. Da müssen wir sie nicht noch mehr einschüchtern. Denen sieht man an, dass sie genug Angst haben», wandte sich Toto an den Polier.

Während er sich weiter mit dem Mann unterhielt, um herauszufinden, was genau kaputtgegangen war, beugte ich mich zu den Jungen.

«Wie heißt ihr denn?», fragte ich, und mein vorsichtiger Versuch, einen ersten Kontakt herzustellen, klappte zum Glück.

«Mein Name ist Jonas, und das ist mein kleiner Bruder Tim», kam es kleinlaut und kaum hörbar aus dem Mund des größeren Jungen.

Der Jüngere der beiden wagte es immer noch nicht, den Kopf auch nur einen Zentimeter zu heben. Er versteckte sich weiter weinend hinter seinem großen Bruder und klammerte sich krampfhaft an dessen rechten Jackenärmel.

«Wie alt seid ihr denn?», lautete meine nächste Frage.

Daraufhin ergriff wieder Jonas das Wort. «Ich bin schon acht Jahre alt, aber mein Bruder ist noch viel kleiner, der ist erst sechs», erklärte er stolz.

«Was macht ihr denn hier auf der Baustelle, und was ist genau passiert?», wollte ich nun wissen. «Aber seid bitte ehrlich. Euch wird schon keiner den Kopf abreißen, ich hab als Kind auch ab und zu Mist gebaut. Dafür muss man dann geradestehen, die Wahrheit sagen und daraus lernen, dass man so was nie wieder tun darf. Dann ist es gleich nicht mehr so schlimm, und hinterher ist einem auch keiner mehr böse.»

Der Ältere schenkte mir ein schüchternes, aber dankbares Lächeln. Dann fing er, mit immer noch sehr leiser Stimme, an zu erzählen. «Wir kommen gerade aus der Schule und wollten auf dem Heimweg in dem neuen Haus wirklich nur ein bisschen Verstecken spielen. Ich war dran und habe gerade Tim gesucht.»

Der kleine Tim, der sich weiterhin hinter Jonas versteckte, aber mittlerweile nicht mehr laut schluchzte, nickte zustimmend. Allerdings kullerte ihm noch eine dicke Träne übers Gesicht.

«Dann hat es plötzlich einen lauten Knall gegeben und ein Geräusch, wie wenn eine große Flasche kaputtgeht», fuhr Jonas fort. «Ich wusste gar nicht, wo das herkam. Dann ist auch schon der große Mann mit dem Helm mit meinem Bruder angekommen und hat geschimpft und gesagt, dass wir jetzt die Scheibe bezahlen müssten. Und dass unsere Eltern uns den Hintern versohlen werden und er die Polizei holt. Kommen wir jetzt wirklich ins Gefängnis, wie der Mann gesagt hat?»

«Bitte nicht, ich hab das doch nicht extra gemacht. Bitte ... », konnte ich aus dem Mund des nun wieder laut weinenden kleinen Bruders vernehmen.

Behutsam zog ich Tim hinter Jonas hervor, streichelte ihm über den Kopf und sagte leise: «Nein, keine Sorge, ihr beiden kommt ganz bestimmt nicht ins Gefängnis. Großes Indianer-Ehrenwort. Aber was ist dir denn passiert, Tim?»

Mehrere Sekunden vergingen, ohne dass ich eine Antwort erhielt, in denen Tim von einem Fuß auf den anderen trat und nervös mit den Fingern spielte. Dann fasste er sich doch ein Herz, schluckte einmal und fing an zu reden. «Ich war da oben», erklärte er mit tränenerstickter Stimme und deutete mit der Hand auf das erste Stockwerk des Rohbaus. «Dort wollte ich mich verstecken. Da habe ich aber kein gutes Versteck gefunden, außer hinter dieser großen Glasscheibe. Ich bin dahintergekrochen, echt vorsichtig, aber die ist einfach so umgefallen und voll kaputtgegangen. Dann kam sofort der große Mann angerannt und hat mich gepackt und mit zu Jonas genommen. Ich habe das wirklich nicht extra gemacht, ehrlich.»

Jetzt erst bemerkte ich, dass Toto hinter mir stand und Tims Schilderung mit angehört hatte. «Genau das hat auch der Bauleiter erzählt. Allerdings erst ab der Stelle, wo die Scheibe umfiel. Er hatte die beiden Jungs vorher gar nicht auf der Baustelle bemerkt. Erst durch das laute Klirren und Scheppern ist er auf den Kleinen aufmerksam geworden. Da hat er auch den großen Bruder gesehen und ist mit dem Kurzen zu ihm», bestätigte Harry die Geschichte.

«Tja, das wird nicht billig für eure Eltern, die werden sich bedanken. Geburtstag und Weihnachten fallen damit sicher aus», bemerkte der Bauleiter mürrisch. «Guckt mal da, ihr könnt doch schon lesen, oder?», fuhr er fort und zeigte mit dem Zeigefinger auf ein gelbes Schild, das an der Hauswand des Rohbaus unmittelbar neben dem Haupteingang angebracht war. «Betreten der Baustelle verboten! Eltern haften für ihre Kinder!» stand darauf in dicken schwarzen Buchstaben geschrieben.

Ich musste den derben Polier leider enttäuschen. «Auch wenn das Schild da hängt: Es kann gut sein, dass die Eltern in diesem Fall zu keiner Zahlung verpflichtet sind, da der kleine Tim erst sechs Jahre alt ist. Die Eltern können ihr Kind schließlich nicht anketten», klärte ich ihn auf.

Der Mann mit dem gelben Helm plusterte sich auf. «Das wäre ja noch schöner, wer ersetzt mir den Schaden denn dann?», rief er aufgebracht.

«Wir verstehen ja, dass das eine blöde Situation für Sie ist», sagte Toto. «Sie bekommen jetzt von uns die Personalien der beiden, dann können Sie auf dem zivilen Rechtsweg das Geld für die

Scheibe einklagen. Aber wie gesagt, es ist nicht sicher, dass Sie die Summe auch wirklich bekommen. Vielleicht sind die Eltern ja freundlich und kommen für den Schaden freiwillig auf.»

Der Polier brummelte nur verärgert vor sich hin, dass er die Sache an die Rechtsabteilung seiner Firma übergeben werde. «Dafür sind die schließlich da, diese Bürohengste sollen ruhig auch mal was tun. Was soll ich mich hier mit so einem Kram rumärgern, ich hab genug mit den unzuverlässigen Handwerkern zu tun.» Dann musterte er uns und meinte: «So, und jetzt schaffen Sie die beiden Rabauken weg, bevor sie mir hier noch mehr kaputt machen. Da stehen noch zig Glasscheiben rum.»

Ich nahm Jonas und Tim an der Hand und ging mit ihnen zu unserem Streifenwagen. Außerhalb der Blickweite des grantigen Bauleiters taute der Junge langsam auf.

«Fahren wir denn auch mit Blaulicht nach Hause?», fragte er.

Leider musste ich auch den kleinen Mann enttäuschen. «Nee, das geht nicht, aber wir machen das Blaulicht einmal an, bevor wir losfahren. Ihr wart beide ehrlich zu mir, und das muss belohnt werden.»

Die Brüder grinsten, als sich die Lichter in dem blauen Glas drehten, dann stiegen sie hinten in den Bulli ein.

Auf dem Weg zu den Eltern fing Tim auf einmal wieder an, laut zu schluchzen.

Toto saß neben ihm. «Was ist denn los, du musst doch keine Angst mehr haben, das wird schon nicht so schlimm zu Hause», versuchte er den Kleinen zu trösten.

«Doch, wir kriegen jetzt Riesenärger von Mama», entgegnete Tim.

Toto legte einen Arm um ihn. «Na, warte erst mal ab, wir sind ja dabei. Wir werden deiner Mama erst mal sagen, dass es keine Absicht war und dass ihr ehrlich wart.»

Kurz darauf kamen wir an der nahegelegenen Wohnung an.

Auf unser Klingeln öffnete uns eine sympathisch wirkende Frau die Tür.

Sofort sah sie uns entsetzt an und fragte sofort: «Ist was mit den Kindern?» Im gleichen Moment bemerkte sie ihre beiden Jungen und schloss sie glücklich in die Arme.

Sofort fing Tim wieder an zu weinen. «Ich hab das nicht mit Absicht gemacht, ehrlich!»

Die Mutter drückte ihren Sohn fest. «Ist ja gut, Hauptsache, dir ist nichts passiert», sagte sie. Dann blickte sie zu uns auf. «Was haben die beiden denn angestellt?», fragte sie.

Wir schilderten in kurzen Worten, was auf der Baustelle passiert war.

Die Antwort der Mutter, gepaart mit einem ernsten Blick, lautete: «Auch wenn es keine Absicht war, es war sehr gefährlich, was ihr da gemacht habt. Das gibt eine Woche Fernseh- und Playstation-Verbot, damit das klar ist! Die Konsole könnt ihr gleich in den Wohnzimmerschrank legen.»

Die Strafe ließ die kleinen Jungen merklich zusammenzucken, und nun kullerten auch Jonas dicke Tränen übers Gesicht.

«Jetzt ab in euer Zimmer und Tür zu! Ich will euch die nächste Stunde erst mal nicht mehr sehen!»

Begleitet von den Worten der Mutter, schlichen beide Jungen mit gesenkten Köpfen wortlos in ihr Kinderzimmer. Im letzten Moment drehten sie sich aber nochmal um und winkten uns mit einem gequälten Lächeln zu. «Tschüss», sagten sie.

Ich konnte noch einen Blick auf zahlreiche Poster der Gruppe Tokio Hotel erhaschen, die eine Wand des Zimmers schmückten, bevor sich die Tür langsam und fast lautlos hinter ihnen schloss. Wie haben sich die Zeiten doch geändert, dachte ich mir kopfschüttelnd. Wenn ich früher Blödsinn gemacht habe, gab es Stubenarrest – für mich die absolute Höchststrafe. Heute sind Fernseh- und Playstationverbot der Super-Gau und Horror für Kids.

Die Mutter rang offensichtlich um Fassung und war bemüht, möglichst ruhig zu sprechen. «Mein Mann wird sich um die Angelegenheit kümmern und sich mit der Firma in Verbindung setzen. Wir haben eine Haftpflichtversicherung, die hoffentlich für den Schaden aufkommen wird. Ich kann das gar nicht glauben … Wie oft habe ich den beiden schon gesagt, dass sie nicht auf Baustellen spielen dürfen, und sie auf die Gefahren hingewiesen. Normalerweise kommen sie von der Schule direkt nach Hause. Na ja, man kann nicht immer und überall auf sie aufpassen. Hauptsache ihnen ist nichts passiert.»

«Da haben sie recht», erwiderte ich. «Nur eines noch: Ich will mich bestimmt nicht in Ihre Erziehung einmischen, und Strafe muss sicherlich sein, damit die beiden kapieren, dass das nicht in Ordnung war. Aber Ihre Jungen waren ehrlich und haben sofort alles zugegeben. Das sollten Sie wissen.»

Die Mutter lächelte dankbar. «Na, dann hat meine Erziehung ja wenigstens etwas gebracht.»

Damit verabschiedeten wir uns und fuhren zurück zur Wache.

Da Toto und ich beide Kinder haben, unterhielten wir uns noch lange über den Fall. Wie schockiert wir wohl reagieren würden, wenn Kollegen unseren Nachwuchs nach Hause bringen würden. Leider wissen wir nicht genau, wie dieser Fall ausging. Ob die Eltern den Schaden bezahlen mussten, ob die Versicherung die Kosten übernahm oder die Firma leer ausging. Nur eines war und ist sicher: Kleinkinder können nicht für ihr Handeln verantwortlich gemacht werden.

Fazit

Grundsätzlich stimmt es, dass Eltern für die Schäden haften, die ihre Kinder verursachen, dennoch besteht keine automatische Haftungspflicht. Jede Situation stellt sich anders dar und bedarf einer Einzelfallprüfung, bei der auch die Umstände, unter welchen ein

Schaden eintrat, von Belang sind. Bei dem geschilderten Sachverhalt spielen vor allem zwei Faktoren eine wichtige Rolle, nämlich die Aufsichtspflicht der Eltern und die Verkehrssicherungspflicht des Baustellenbetreibers. Der dritte entscheidende Faktor ist das Alter des Kindes.

Eltern sind grundsätzlich dazu verpflichtet, ihre Kinder zu beaufsichtigen. Wie weit diese Pflicht reichen muss, hängt vom Alter, Charakter und von der Eigenart eines Kindes sowie von der Vorhersehbarkeit eines schädigenden Verhaltens ab. Auf dem typischen Schild an Baustellen sollte daher nicht der Satz «Eltern haften für ihre Kinder», sondern der Satz «Eltern haften für ihre Aufsichtspflichtverletzung» stehen.

Was hingegen die Verkehrssicherungspflicht des Baustellenbetreibers angeht, so ist dieser zu Maßnahmen verpflichtet, die ein Unfallrisiko verringern. Das mögen Absperrungen oder Zäune sein, die von Kindern nicht überwunden werden können. Besonders die Maschinen sollten gegen unbefugte Inbetriebnahme gesichert werden. Ein Schild reicht für eine solche Absicherung allerdings nicht aus.

Kinder und Jugendliche haften laut BGB nur unter bestimmten Voraussetzungen für ihr Handeln. Das heißt, zwischen null und sieben Jahren sind sie nicht deliktfähig, weshalb keine Haftung besteht. Zwischen null und zehn Jahren gilt: keine Haftung im motorisierten beziehungsweise fließenden Straßenverkehr (außer bei Vorsatz). Ab sieben oder zwischen zehn und vierzehn Jahren sind die Kinder bedingt deliktfähig, dies bedeutet, eine eigene Haftung greift nur dann, wenn der Minderjährige aufgrund seines Alters und seiner Reife selbst verantwortlich gemacht werden kann. Es geht dann aber nur um die zivilrechtliche Haftung. Ab vierzehn Jahren sind Jugendliche grundsätzlich strafmündig, müssen sich also für Sachbeschädigungen unter Umständen auch strafrechtlich verantworten.

Wie gesagt, ein schwieriges Thema, bei dem es immer einer

Einzelfallprüfung des Sachverhaltes bedarf. Man kann also nicht pauschal sagen, dass Eltern immer für ihre Kinder haften – auch wenn diese Schilder überall herumhängen. Die Rechtsgrundlage ist hier übrigens in erster Linie das BGB.

Wer auf Autobahnen die linke Spur befährt und die Lichthupe betätigt, um zu überholen, begeht eine Nötigung.

Bei einer dreispurigen Autobahn ist der rechte Fahrstreifen nur für Laster gedacht.

Es war Samstagvormittag, und der Frühdienst war bisher sehr ruhig verlaufen. In der Stadt kauften alle wie wild ein, und wir hatten bisher nur einen jungen Ladendieb und einen Unfall mit Blechschaden. Nun waren wir jedoch auf dem Weg zur Autobahnabfahrt Ruhrstadion auf der A 40, wo sich zwei Fahrzeugführer in die Haare gekriegt hatten. Wir sollten einen Kollegen von der Autobahnpolizei unterstützen, da die beiden Autofahrer offenbar sehr aggressiv und aufgeregt waren.

Als wir ankamen, standen die Wagen der Streithähne, ein blauer Sharan und ein silberner Astra Kombi, auf dem Standstreifen. Wir stiegen aus und hörten die beiden sofort lautstark schreien. Der eine war ein gutgekleideter Mittvierziger, der andere ein kleinerer, drahtiger Herr um die fünfzig.

«Da weiß ich schon vom Anblick, wer welches Auto fährt», meinte Toto.

Da sah uns der Kollege. «Mensch, gut dass ihr kommt. Ich habe hier zwei Rivalen der Landstraße, die sich beide im Recht fühlen», begrüßte er uns. «Nehmt ihr mal den Sharan-Fahrer, den anderen verarzte ich schon. Es geht angeblich um Nötigung, der Sharan soll gedrängelt haben. Der Astra ist aber angeblich notorisch links gefahren. Hört mal, was der Mann euch für eine Geschichte erzählt.»

Der Mittvierziger ging mit uns ein paar Meter Richtung Polizeiwagen. Wir erfuhren, dass er nach Dortmund wollte, um dort seine Familie vom Flughafen abzuholen. Toto bat ihn, doch zu erzählen, was vorgefallen war.

«Erst mal guten Tag, die Herren. Ich soll der böse Verkehrsrowdy sein, aber ich erzähle Ihnen jetzt mal die wahre Geschichte», begann er. «Seit ich in Essen auf die Autobahn aufgefahren bin, ist der Astra vor mir. Und das Schönste daran: Er ist seit der Baustelle in Wattenscheid die ganze Zeit auf der linken Spur gefahren, obwohl rechts mehr als genug Platz war. Ich weiß, das klingt ein wenig unglaubwürdig, aber samstagvormittags ist sogar hier manchmal freie Bahn.»

Wir nickten und baten ihn weiterzureden.

«Jedenfalls zeigten die automatischen Schilderbrücken nach der Baustelle mittlerweile wieder eine Geschwindigkeit zwischen hundert und hundertzwanzig an, doch der Herr mit dem Opel fuhr stoisch knapp achtzig. Dabei blieb er die ganze Zeit links. Ich habe mir das Schauspiel etwa zwei Minuten angeguckt, dann habe ich mal kurz aufgeblendet, um ihn aufzuwecken. Aber ich bin ganz sicher nicht dicht aufgefahren und habe ihn bedrängt. Hinter mir bildete sich derweil eine immer längere Schlange.»

«Wieso kam dann unser Kollege dazu? Haben Sie ihn per Handy gerufen?», fragte Toto.

Der Familienvater schüttelte den Kopf. «Nee, das Drama ging ja noch weiter. Der Opel-Fahrer ist natürlich weiter links geblieben und dann absichtlich immer langsamer geworden. Am Ende fuhren wir gerade noch sechzig, wenn überhaupt. Als ich irgendwann rechts an ihm vorbeifahren wollte, zog er auch rüber und hupte mich an. Da stand allerdings Ihr Kollege mit seinem Streifenwagen an der Autobahn-Tankstelle. Ihm kam das natürlich komisch vor, und er stoppte uns beide. Ja, und jetzt stehen wir hier.»

«Wenn das so stimmt, wie Sie es erzählen, haben Sie sich korrekt verhalten», sagte ich. «Aber warten wir mal ab, was der Fahrer des Astra erzählt.»

«Das kann ich Ihnen schon vorher sagen», meinte der Sharan-Fahrer genervt. «Für den bin ich ein schlimmer Verkehrsrowdy, der eingesperrt gehört. Das hat er eben allen Ernstes gesagt. Dabei nötigt und gefährdet er durch seine Fahrweise die anderen.»

Wie aufs Stichwort kam der Kollege von der Autobahnpolizei zu uns, und wir drei setzten uns kurz in unseren Bulli, um in Ruhe die Aussagen der beiden Fahrer zu vergleichen.

«Also, der Opel-Fahrer meint, er sei auf die schlimmste Art und Weise genötigt worden», begann der Kollege. «Er sagte, dass auf der Autobahn hier sowieso immer Stau herrscht, da könne man eh nicht schnell fahren, da sehe er gar nicht ein, solchen Rasern Platz zu machen. Der fühlt sich so im Recht, dass er sogar zugibt, absichtlich langsamer geworden zu sein. Er habe sich bedroht gefühlt, außerdem wollte er den Sharan-Fahrer so zum Langsamfahren zwingen.»

«Dann hat unser Mann offensichtlich die Wahrheit erzählt», sagte Toto. «Er beschreibt die Situation aus seiner Sicht identisch. Nämlich dass der Opel-Fahrer notorisch links gefahren und dann immer langsamer geworden ist.»

«Na, dann wollen wir den Herrn Verkehrserzieher mal aufklären, was man darf und was nicht, und ihm sagen, dass er eigentlich der Verkehrsrowdy ist», meldete ich mich zu Wort. «Da wünsche ich uns dreien schon mal sehr viel Spaß. Ich wette nämlich: Er wird es nicht einsehen.»

Leider lag ich mit meiner Vermutung richtig, trotzdem gab der Kollege von der Autobahnpolizei sein Bestes.

«Also, wir haben die Angelegenheit gerade besprochen, und der Sharan-Fahrer beschreibt die Situation ähnlich wie Sie. Allerdings sagt er aus, dass Sie achtzig gefahren sind, obwohl hundertzwanzig erlaubt waren. Die rechte Spur ist wohl auch frei gewesen», begann er.

Sofort legte der drahtige Opel-Fahrer los: «Ist doch egal, ob rechts frei ist, die Spur ist doch sowieso nur für die Laster. Ich fahr doch nicht nach rechts und komm dann später nicht mehr auf die Überholspur, weil da so gerast wird. Langsamfahren ist sicherer, die sollten mir alle dankbar sein.»

«Wette gewonnen, mal sehen, ob er gleich noch ausflippt», sagte Toto zu mir.

Der Kollege von der Autobahnpolizei versuchte es erneut. «Aber in Deutschland gibt es ein Rechtsfahrgebot. Das gilt für alle, nicht nur für Lkws. Und der nachfolgende Verkehr darf seine Überholabsicht durchaus mit der Lichthupe anzeigen, besonders wenn Sie die linke Spur blockieren. Dadurch nötigen Sie nämlich viel eher den Wagen hinter Ihnen, als dass er Sie bedrängt.»

«Pass auf, gleich schreit er rum», meinte Toto.

Der Opel-Fahrer wurde rot im Gesicht, schaute erst uns an, danach den Sharan-Fahrer und dann wieder uns. «So ist das also, ich fahre vorsichtig und langsam und gefährde angeblich den Verkehr. Und der Drängler ist der Gute. Ich glaub, ich spinne. Gleich erzählen Sie mir auch noch, dass diese Spinner, die bei Autobahn-Baustellen bis ganz vorne rasen und sich dann reinquetschen, alles richtig machen.»

Fassungslos guckte uns der Kollege von der Autobahn an. «So, jetzt seid ihr dran, ich bin mit meinem Latein am Ende», sagte er nur.

Toto ging auf den älteren Mann zu. «Mein lieber Herr, da sind Sie aber mal gewaltig auf dem Holzweg. Natürlich muss man bei einer Baustelle bis ganz vorne zur Engstelle fahren und sich dort nach dem sogenannten Reißverschlussprinzip einreihen. Wenn Sie da jemanden nicht reinlassen, weil Sie offenbar meinen, der drängelt sich vor, dann begehen Sie auch dort eine Nötigung. Ich glaube, Sie sollten sich mal die Straßenverkehrsordnung durchlesen. Darin geht es nämlich auch um gegenseitige Rücksichtnahme.»

«Zeigen Sie mich ruhig an, wollen wir doch mal sehen, was ein Richter dazu sagt. Der lacht Sie aus oder ermittelt am Ende gar gegen Sie. Ich bin im Recht, so.» Wie ein trotziges Kind stellte er sich vor sein Auto. «Und ich will diesen Kerl da anzeigen, das kann mir keiner verbieten.»

«Ist ja gut, dass Sie Ihre Rechte so genau kennen. Natürlich können wir Ihnen nicht verbieten, den Sharan-Fahrer anzuzeigen, aber Sie können sich die Anwalts- und Gerichtskosten sparen. Nachher werden Sie noch bestraft», redete der Kollege von der Autobahnpolizei auf ihn ein.

Der unbelehrbare Verkehrserzieher wetterte los: «Nix da, das zieh ich jetzt durch, wollen wir doch mal sehen, wer hier bestraft wird. Wer zuletzt lacht, lacht am besten.»

Ich schüttelte den Kopf und bat beide Fahrer, mir Führerschein und Fahrzeugschein auszuhändigen. Der Sharan-Fahrer gab uns als Erstes seine Papiere. Wir nahmen die Anzeige des Opel-Fahrers auf und fragten den angeblichen Drängler, ob er ebenfalls Anzeige erstatten wolle.

«Nee, bloß nicht, mir tut der Mann ja fast schon leid. Aber ich will auch nicht hinterher der Dumme sein.»

«Sie machen Ihre Aussage, dann passt das schon», beruhigte ich ihn.

Nachdem wir alles aufgenommen hatten, konnte der Sharan-Fahrer losfahren. Schließlich musste er dringend zum Flughafen. Danach legte uns der Querulant seinen Führerschein, Fahrzeugschein und Personalausweis hin.

«Hier, ich bin ein ordentlicher Bürger, ich habe alles dabei», sagte er.

Ich überlegte kurz, ob ich einen weiteren Erklärungsversuch starten sollte, ließ es dann aber. Der arme Kerl war im Unrecht und fühlte sich verfolgt. Jetzt saß er da wie ein trotziges Kind und zog seine Tour weiter durch.

«Geben Sie mir erst mal Ihre Namen», blaffte er uns an. «Gerne», sagte der Autobahn-Kollege. «Wofür brauchen Sie die denn?»

«Das geht Sie gar nichts an», wetterte der Mann weiter. «Aber damit Sie es wissen, Sie werden noch von mir hören, Sie sind voreingenommen und parteiisch, ich zeige Sie alle drei an.»

«Guter Mann, jetzt fahren Sie mal in Ruhe nach Hause und überlegen, ob das alles so richtig ist, was Sie hier tun», meinte Toto mit einem Seufzer.

Der unbelehrbare Mann sagte nichts, notierte sich unsere Namen und fuhr wortlos mit seinem Astra davon.

Der Autobahn-Kollege bedankte sich bei uns und meinte: «Nervt euch das auch, dass einen immer alle gleich anzeigen wollen, wenn man mal nicht ihrer Meinung ist? Dieser Schreibkram kostet so viel Zeit. Ihr glaubt gar nicht, wie viele anstrengende Menschen auf der Autobahn rumfahren. Gefährliche Drängler gibt es ja leider auch genug. Seid froh, dass in der Stadt nur Tempo fünfzig erlaubt ist und euch diese Geschichten erspart bleiben.»

Wer auf einer Autobahn die linke Spur befährt und die Lichthupe betätigt, kann eine Nötigung begehen. Wer allerdings auf einer Autobahn übertrieben langsam fährt und andere behindert, kann sich ebenfalls der Nötigung schuldig machen. Außerhalb geschlossener Ortschaften, also auch auf Autobahnen, ist die Lichthupe durchaus ein legitimes Mittel, um eine Überholabsicht anzukündigen. Man darf es dabei allerdings nicht übertreiben, diese nur kurz verwenden und bei Misserfolg nicht andauernd wiederholen.

Um den Straftatbestand der Nötigung zu erfüllen, muss schon mehr dazukommen. So zum Beispiel ein geringer Abstand zwischen den Fahrzeugen und dichtes Auffahren über einen längeren Zeitraum. Ähnlich beim Langsamfahren: Der Fahrer muss bewusst den Verkehr behindern und sich als «Verkehrserzieher» aufspielen. Rechtsgrundlagen hierfür sind die StVO und das StGB.

Bei einer dreispurigen Autobahn ist der rechte Fahrstreifen keineswegs nur für Laster gedacht, denn auch hier besteht das Rechtsfahrgebot für jedermann. Es ist allerdings leicht abgemildert, da man die mittlere Spur durchgehend befahren darf, wenn sich rechts ab und zu Fahrzeuge befinden. Ist die rechte Spur jedoch über eine längere Strecke hin frei, so muss sie benutzt werden. Eine Vorschrift aus der StVO. Verstöße von notorischen Linksfahrern können mit einem Verwarnungsgeld geahndet werden.

Nur Polizisten dürfen jemanden festnehmen.

Der Detektiv eines großen Elektro-Kaufhauses hatte mal wieder einen Ladendieb erwischt. Die Leitstelle schickte uns hin, und so gingen wir zielstrebig in das uns wohlbekannte Personalbüro. Eigentlich könnten wir einen Kollegen direkt dorthin setzen, denn fast täglich müssen wir hier Ladendiebe abholen. Im Büro trafen wir auf einen der altgedienten Ladendetektive. Mit ihm waren noch zwei weitere Männer im Raum. Ein dunkelhaariger Typ mit Jeans und Pullover war mit einem Ledergürtel an einen Stuhl gefesselt, die Hände nach hinten gebunden. Der andere Mann, ein sportlicher und kräftiger Zeitgenosse mit Lederjacke, stand mit mürrischem Blick daneben.

Der Gefesselte sprach uns sofort an, als er uns in Uniform entdeckte. «Helfen Sie mir, ich werde hier festgehalten, dabei habe ich gar nichts getan. Das ist Freiheitsberaubung.» Dann musterte er den sportlichen Typen mit stechendem Blick und zischte: «Das wirst du noch bereuen, das wird dich teuer zu stehen kommen.»

«Na, na, das würde ich aber mal nicht so laut verkünden. Das könnte schnell eine Bedrohung sein und wäre eine Straftat. Und Sie haben offensichtlich schon genug Ärger. Aber jetzt kann er Sie ja losbinden, denn wir sind da. Wenn Sie trotzdem flüchten wollen, viel Spaß», meinte Toto.

Sofort meckerte der mutmaßliche Ladendieb weiter. «Das ist ja wohl ein Ding der Unmöglichkeit. Ich habe unverschuldet diesen Ärger, ich bin hier das Opfer. Die haben mich einfach festgenommen, das dürfen die überhaupt nicht. Außerdem haben die mir richtig wehgetan und mich noch dazu an den Stuhl gefesselt. Wir sind hier doch nicht im Wilden Westen. Wenn mich schon einer festnimmt, dann ja wohl nur die Polizei.»

Nachdem wir dem Schreihals erst mal gesagt hatten, er solle bitte ruhig sein, schilderte uns der Ladendetektiv die Ereignisse aus seiner Sicht.

«Ich habe diesen Mann dabei beobachtet, wie er mehrere Computerspiele im Gesamtwert von über vierhundert Euro eingesteckt hat.» Er hielt die bunten Plastikverpackungen hoch. «Das war ganz offensichtlich. Als er den Laden verlassen wollte, ohne die Ware zu bezahlen, habe ich ihn am Ausgang angesprochen. Erst blieb er ganz ruhig und tat verwundert, als ich dann aber seinen Ausweis sehen wollte, hat er versucht wegzurennen. Zum Glück habe ich ihn zu fassen gekriegt und festgehalten.»

Daraufhin hatte der Beschuldigte sofort um sich geschlagen und getreten.

«Ich konnte ihn alleine nicht bändigen. Da kam zum Glück dieser nette Herr vorbei und hat mir geholfen.»

Fragend musterten wir den mutigen Zeugen. «War doch nichts, da muss man einfach helfen, ist doch normal», sagte der nur dazu.

«Ich war an der Kasse und hab gesehen, wie die Situation eskaliert ist. Als der Typ völlig ausgeflippt ist, bin ich dazu und habe geholfen. Der Ledergürtel ist übrigens meiner, wir mussten den Mann fesseln, sonst würden wir jetzt noch mit ihm auf dem Boden herumrollen.»

«Das ist ganz und gar nicht normal, leider, und das haben Sie klasse gemacht. Sie glauben ja gar nicht, wie viele Menschen einfach wegsehen und nicht helfen», lobte Toto sein beherztes Eingreifen.

Sofort polterte der Dieb wieder los. «Steckt ihr hier denn alle unter einer Decke? Jetzt wird mein Peiniger auch noch offiziell von der Polizei gelobt.»

Keiner reagierte mehr auf den Schreihals, eigentlich mussten wir alle eher schmunzeln über so viel Dreistigkeit.

«Wenn Sie Ärger machen, werd ich gleich richtig sauer, und dann wird's doof für Sie», sagte ich, löste nach dieser eindeutigen Ansage die Fesseln und durchsuchte den Verdächtigen. Prompt fand ich den gesuchten Personalausweis. «Das hätten Sie auch einfacher haben können», fügte ich hinzu.

Dieser Meinung war nicht nur der Ladendetektiv, auch der Zeuge meinte leise: «Dafür so ein Ärger.»

Der Verdächtige wurde jetzt zusehends ruhiger. «Das dürfen die doch nicht, mich einfach fesseln, das ist Freiheitsberaubung», murmelte der Mann immer wieder.

Totos Antwort war eindeutig. «Das dürften die tatsächlich nicht – wenn Sie ein normaler Kunde wären. Aber Sie müssen ja klauen, da dürfen Sie sich auch nicht wundern, wenn andere das nicht mögen. Eine Festnahme durch jedermann ist bei einer Straftat ausdrücklich erlaubt. Aber jetzt zu Ihnen: Sie haben ein Jahr Hausverbot in allen Filialen der Firma, und wir schreiben eine Strafanzeige gegen Sie. Zufrieden?»

Zufrieden war er natürlich nicht, aber er meckerte wenigstens nicht länger herum. Gemeinsam brachten wir ihn zu unserem Streifenwagen und fuhren zur Wache. Über Funk hatten wir nämlich bereits herausgefunden, dass unser Ladendieb einschlägig vorbestraft war.

Auf der Fahrt zur Wache fragte ich ihn daher: «Sie sind wahrlich schon oft genug erwischt worden. Wieso erzählen Sie dann so einen Quatsch und behaupten, Sie sind das Opfer. Meinen Sie, wir sind alle total blöd und glauben das?»

«Ich sage gar nichts mehr», kam es leise von der Rückbank.

Der neben ihm sitzende Toto grinste. «Das ist auch besser so.» Auf der Wache schrieben wir eine Anzeige gegen den Wiederholungstäter, dann durfte er gehen. Später verurteilte ihn das Gericht zu einer Haftstrafe von acht Monaten ohne Bewährung. Es war das siebte Mal, dass er erwischt worden war. Der Detektiv und der Passant waren als Zeugen geladen, und dennoch fing der Angeklagte noch einmal damit an, dass die beiden ihn unrechtmäßig gefesselt hätten. Der Richter konnte darüber nur müde lächeln und bestätigte dem mutigen Zeugen: «Sie haben alles richtig gemacht. Danke dafür.»

Fazit

Jedermann darf einen Tatverdächtigen vorläufig festnehmen, wenn nur so verhindert werden kann, dass er nach einer Straftat flieht. Notfalls sogar unter Anwendung von einfacher Gewalt, sollte sich der Festgenommene wehren. Dies ist jedoch nicht durch das Festnahmerecht durch jedermann, sondern durch den Notwehr-Paragraphen abgedeckt, da die Gegenwehr des Täters einen rechtswidrigen Angriff darstellt. Die Festnahme selbst muss aber unter Beachtung des allgemeinen Grundsatzes der Verhältnismäßigkeit erfolgen. Sie darf bei geringen Vergehen nicht zu erheblichen Verletzungen führen, beispielsweise sollte einem flüchtenden Ladendieb keine Flasche auf den Kopf geschlagen werden. Eine anschließende körperliche Durchsuchung darf allerdings ausschließlich die Polizei vornehmen. Grundvoraussetzung für die Festnahme durch jedermann ist, dass der Täter auf frischer Tat ertappt wird. Die Rechtsgrundlage dafür steht in der Strafprozessordnung.

Was ich finde, darf ich auch behalten.

War das mal wieder ein bescheidenes Wochenende! Der VfL Bochum hatte in Stuttgart verloren. Warum fahren die eigentlich noch dahin? Die Fahrtkosten können die sich echt sparen, dachte ich grimmig. Zu Hause lag außerdem meine Frau seit zwei Tagen mit einer Magen-Darm-Grippe im Bett, sodass wir den ersehnten Ausflug an meinem freien Samstag leider verschieben mussten. Und nun leuchtete in meinem Auto auch noch die Kontrollleuchte für die Airbags auf. Das hieß, ich durfte den Wagen auch noch in die Werkstatt bringen.

So kam ich am Montagmorgen genervt und fast zu spät zur Wache und sah Harry, wie er schon den Streifenwagen packte. Sofort ging ich runter in den Keller, holte meine Uniform aus dem Spind und zog mich an. Noch eben einen schnellen Kaffee auf die Hand, und wir beide saßen im Streifenwagen.

Harry merkte sofort, dass es mir nicht gutging. «Na, Toto, was ist los? Das kann doch nicht nur am VfL liegen», sagte er. Als ich ihm von meiner Pechsträhne erzählte, meinte er tröstend: «Na, jetzt bist du ja bei mir und kannst mal abschalten.»

Doch da hatte er die Rechnung ohne unseren Funker gemacht. Der schickte uns mal wieder auf die A40 Richtung Dortmund, wo ein Pkw-Fahrer offenbar Ladung verloren hatte. Harry schaltete sofort Blaulicht und Martinshorn ein, und los ging's. Einsätze auf der Autobahn liegen uns immer ein wenig im Magen, denn die meisten Leute fahren mit extrem hoher Geschwindigkeit, und ein Stauende wird gerne mal übersehen. Wie die Lkw-Fahrer dann auch noch angekachelt kommen, das macht einem manchmal wirklich mehr als Angst.

Unterwegs kam eine neue Ansage per Funk: «Toto, Harry, bei der Havarie auf der Autobahn passieren eigenartige Dinge. Hier haben schon mehrere Leute von der Gegenfahrbahn angerufen, die erzählen, dass dort alle Autofahrer aussteigen und wie wild irgendwas einsammeln. Meldet bitte sofort, wenn ihr vor Ort seid.»

Harry guckte mich fragend an. «Wer ist denn so bescheuert und läuft auf der Autobahn rum, um Sachen einzusammeln. Wollen die alle plattgefahren werden? Und was kann so toll sein, dass man dafür so ein Risiko eingeht?»

Das wusste ich auch nicht. Aber da fuhren wir auch schon in die Auffahrt zur A40 ein und bahnten uns mit Blaulicht und Martinshorn einen Weg durch den Stau. Harry bekam fast die Krise, weil jeder dritte Autofahrer offenbar noch nie was von einer Rettungsgasse gehört hatte. Dann sahen wir die Völkerwanderung auf der Autobahn live und in Farbe. Mindestens vierzig Leute rannten hektisch zwischen den Autos herum und bückten sich immer wieder. Ein Mann steckte gerade irgendwas in seine Jackentasche.

«Ist das etwa Geld, das da rumfliegt? Das gibt's doch gar nicht», rief Harry.

Als wir ausstiegen, hatte ich das Gefühl, als wäre das totale Chaos ausgebrochen. Vier Autos standen quer auf der Fahrbahn, und aus dem Stau kamen immer mehr Menschen angerannt, um sich an der ungewöhnlichen Schatzsuche zu beteiligen.

«Hier ist der Teufel los, hier fliegen Geldscheine auf der Fahrbahn rum, und die Leute drehen durch», meldete Harry sofort über Funk. «Schickt mal Verstärkung, auch zur Stauabsicherung», bat er dann.

Ich lief unterdessen zu den Geldsammlern. «Hallo, die Polizei ist hier! Sind Sie denn alle wahnsinnig geworden? Was machen Sie denn da? Das ist eine Autobahn, da können Sie doch nicht einfach so rumlaufen. Sie gefährden sich und andere.»

Meine Worte interessierte die Menschen nicht im Geringsten. Höchstens fünf Leute guckten überhaupt mal kurz hoch, um danach wieder wie wild die im Wind umherfliegenden Geldscheine aufzusammeln. Gerade wollte einer sogar über die Mittelleitplanke auf die Gegenfahrbahn klettern, weil eine Bö zwei Fünfzig-Euro-Scheine nach drüben geweht hatte.

«Halt, sind Sie denn bescheuert oder lebensmüde, da kommen doch Autos mit über hundert Sachen angerast», brüllte ich.

Da knackte endlich unser Außenlautsprecher. «Achtung, Achtung, hier spricht die Polizei. Sie machen sich gerade einer Straßenverkehrsgefährdung und möglicherweise anderer Straftaten schuldig. Geben Sie meinem Kollegen sofort das gefundene Geld, und steigen Sie dann wieder in Ihre Fahrzeuge. Sie dürfen es sowieso nicht behalten!»

Ich musste grinsen. Harry hatte meinen hilflosen Versuch offensichtlich beobachtet und versuchte sich nun an einer Einschüchterung per Lautsprecher. Seine dröhnende Stimme wirkte – zumindest bei der Hälfte der Schatzsucher. Sie hörten tatsächlich auf zu sammeln und stiegen in ihre Autos ein, das Geld wollte jedoch erst mal keiner freiwillig abliefern.

Spontan ging ich auf einen Mann zu, der gerade mehrere Scheine in seine Jeans stopfte. «Heim, Polizei Bochum, geben Sie mir bitte das Geld, das Sie gerade hier aufgesammelt haben!», forderte ich ihn auf. «Das gehört Ihnen nicht. Das müssen Sie abgeben, sonst machen Sie sich strafbar!» Ich schaute in die Runde. «Das gilt für Sie alle hier, Verstärkung ist unterwegs. Tut mir leid für Sie, aber aus dem unerwarteten Geldsegen wird nichts.»

Schon wurde der erste Finder aggressiv. «Wieso denn? Das habe ich doch hier auf der Fahrbahn gefunden! Steht da etwa ein Absender drauf? Oder sehen Sie hier jemanden, der nach seinem Geld fragt? Das wollen Sie wohl für die Staatskasse einstecken, was?»

Harry tauchte neben mir auf. «Verstärkung kommt», sagte er leise. Dann ging er auf den erbosten Mann zu. «Jetzt hören Sie mal genau zu: Das Geld hat vermutlich jemand unabsichtlich verloren, und der will es bestimmt wiederhaben. Oder es stammt aus einer Straftat. In beiden Fällen werden Sie eine Anzeige bekommen, wenn Sie es mitnehmen. Wir können Sie auch gerne alle durchsuchen.»

Die erste Autofahrerin kam reumütig auf uns zu. «Hier haben Sie es. Das war hier wie im Film, und wenn alle danach greifen, macht man eben mit. Tut mir leid.»

Harry lächelte sie an. «Ach, ist schon in Ordnung. Ist ja auch eine verrückte Situation. Wenn Sie aber jetzt einsehen, dass das nicht geht, freut mich das.»

Ich blickte erneut in die Runde. «Und, wer ist der Nächste, der alles artig abgibt?», fragte ich.

In diesem Moment hörten wir das Martinshorn von mehreren Einsatzwagen. Die Verstärkung kam. Das merkten auch die eben noch aufmüpfigen Geldsucher, die nun freiwillig zu uns kamen.

«Hat denn irgendwer gesehen, woher das Geld kommt? Hat es jemand es aus einem Auto geworfen, oder ist eine Tasche auf die Fahrbahn gefallen?», fragte Harry.

Die Antwort wusste angeblich keiner.

Mit mittlerweile sechs Kollegen nahmen wir die Personalien der Autofahrer auf und notierten, wer wie viel Geld abgegeben hatte. Außerdem suchten vier Polizisten die Fahrbahn und die Böschung nach weiteren Geldscheinen ab. Wir sammelten stolze 32 450 Euro ein. Wie sich später herausstellte, hatte ein Autoverkäufer genau 36 000 Euro in einem Geldkoffer dabei. Als er bei einer Pause an einer Tankstelle einen Anruf auf dem Handy erhielt, legte er den Koffer auf das Wagendach, um eine Akte herauszuholen. In der Hektik hatte er den Koffer einfach auf dem Wagendach vergessen und war losgefahren.

Als er auf die A40 auffuhr und beschleunigte, passierte es dann: Der Koffer mit dem wertvollem Inhalt lernte fliegen und knallte auf die Fahrbahn. Dabei platzten die Schlösser auf, und eine Wolke von Geldscheinen flog über den Asphalt. Er und die anderen Autofahrer hatten erst mal Glück im Unglück, denn es passierte kein schwerer Unfall, obwohl die nachfolgenden Wagen abrupt abbremsten. Als der Erste erkannte, was da über die Straße flog, gab es kein Halten mehr. Alle sprangen heraus und rannten den Geldscheinen hinterher.

Die Finder waren alle ehrlich, nur bei einem Beteiligten mussten Zeugen und Kollegen nachhelfen. Der Golf-Fahrer hatte 3400 Euro eingesammelt und war damit dreist abgehauen, als wir am Ende des Staus auftauchten. Zwei andere Autofahrer hatten allerdings beobachtet, wie er mit dem Geld in seinen grünen Golf gesprungen und weggerast war. Da hatten sie einfach mal das Kennzeichen notiert und uns die Daten gegeben, als sie ihr Geld abliefern mussten.

«Sie sollen den Mann nicht aus Frust anschwärzen», sagte ich den Zeugen. «Er hat immerhin eine Straftat begangen, Fundunterschlagung nennt sich das. Es ist völlig richtig, dass Sie eine Aussage machen.»

Mittlerweile fuhren die ersten Wagen schon wieder los, und wir stellten unseren Streifenwagen auf den Standstreifen, damit sich der Stau auflöste. Harry gab die Beschreibung des Mannes und das Kennzeichen an die Leitstelle durch, die sofort einen Wagen zu der Adresse des Golf-Fahrers schickte. Später erzählten uns die Kollegen beim Kaffee auf der Wache, wie der Mann reagiert hatte.

«Als wir gerade an dem Einfamilienhaus klingeln wollten, machte er schon die Tür auf und sagte: ‹Gut, dass Sie kommen, ich wollte gerade zur Polizei und das Geld zurückgeben. Das hat offensichtlich jemand verloren, und ich dachte erst, ich dürfte es behalten. Meine Frau hat mir allerdings gesagt, ich solle zusehen, dass ich die Sache in Ordnung bringe.› Ich weiß nicht, ob wir ihm das so glauben können, aber eine Anzeige kriegt er so oder so. Sollen Staatsanwalt und Richter entscheiden, was er verdient hat.»

Der Autohändler bekam bis auf einhundertfünfzig Euro die komplette Geldsumme wieder. Wo die fehlenden drei Fünfzig-Euro-Scheine geblieben sind, weiß keiner. Vielleicht vom Winde verweht, oder sie wollten einfach nicht aus der Hosentasche eines Autofahrers raus. Der glückliche Pechvogel hat übrigens eine kleine Summe für ein Kinderhospiz gespendet. Als Dank an alle, gezwungenermaßen, ehrlichen Finder.

Fazit

Wenn man etwas findet, darf man es auf keinen Fall automatisch behalten, nicht einmal lose herumliegendes Bargeld ohne Absenderinformationen wie Portemonnaie oder Tasche. Auch in dem geschilderten Fall hatte der Verlierer nicht absichtlich das Eigentumsverhältnis aufgegeben, sondern durch seine Unachtsamkeit das Geld auf der Autobahn verloren.

Eine fremde, bewegliche Sache darf man sich also nicht aneignen, sondern sollte sie am besten beim Fundbüro, notfalls auch bei der Polizei, wieder abgeben. Wenn man Gefundenes einfach mit-nimmt, begeht man eine Fundunterschlagung, und die wird nach dem Strafgesetzbuch bestraft. Der kleine Trost für alle ehrlichen Finder: Später steht einem ein Finderlohn zu.

Wie hoch der ausfällt, hängt vom Wert des gefundenen Gutes ab. Bei einer Sache mit einem Wert von bis zu fünfhundert Euro beträgt der Finderlohn fünf Prozent (bei Tieren drei Prozent), bei einem Wert über fünfhundert Euro lediglich drei Prozent. Der Finder kann vom Empfangsberechtigten Finderlohn verlangen. Wird dieser nicht gezahlt, so kann der Finder oder das Fundbüro das Fundstück einbehalten. Ein Anspruch ist nur dann ausgeschlossen, wenn der Finder die Anzeigepflicht verletzt oder den Fund auf Nachfrage ver-heimlicht.

Bei Auffinden eines «Schatzes», der keinem Empfangsberech-tigten mehr zugeordnet werden kann, zum Beispiel eine vergra-bene Schmuckschatulle auf einem Grundstück oder historische Ge-genstände, teilen sich der Finder und der Besitzer des Grundstücks den Fund zu je fünfzig Prozent.

Eine weitere Ausnahme gilt für öffentliche Verkehrsmittel oder Behörden: Sollten Sie dort etwas finden, steht Ihnen erst ab einem Wert von zehn Euro Finderlohn zu und auch nur die Hälfte des sonst üblichen, also 2,5 beziehungsweise 1,5 Prozent.

Wenn ein anderer vor meiner Garage parkt, wird er sofort von der Polizei abgeschleppt!

Der Einsatz kam abends über Funk: «Irma elf-fünfunddreißig, fahrt mal zur U-Bahn-Haltestelle am Rathaus. Dort ist ein Schwarzfahrer abgehauen, aber er hat vorher noch den Kontrolleur geschlagen. Zwei Wagen sind schon unterwegs, unterstützt bitte die Fahndung nach dem Täter. Der Mann ist circa eins fünfundsiebzig groß, trägt Jeans, eine dunkle Lederjacke und eine Baseballkappe. Er hat einen Dreitagebart und schwarze Haare.»

Harry straffte die Schultern und meinte: «Na, dann wollen wir doch mal sehen, ob wir den nicht kriegen.»

Wir fuhren schnell durch die City zum Rathaus und hielten schon kurz vorm Ziel die Augen offen. Aber der beschriebene Schläger und Schwarzfahrer war nirgends zu sehen, und die Innenstadt war wie leer gefegt. Wir stoppten mit unserem Bulli an der U-Bahn-Haltestelle, wo ein Streifenwagen schon schräg auf dem Gehsteig stand.

«Ah, die Kollegen waren schneller. Mal schauen, ob wir noch helfen können», sagte Harry.

Auf halbem Weg ins Untergeschoss trafen wir unsere Kollegen.

«Hey, Toto», sagte Sabine, «der Typ scheint schon weg zu sein. Der Kontrolleur hat zum Glück nicht viel abgekriegt, war nur eine Backpfeife. Irma elf-zweiunddreißig nimmt die Anzeige schon auf, wir hauen wieder ab.»

Wir gingen daraufhin ebenfalls zurück zu unserem Wagen und stiegen ein.

Da knackte erneut der Funk: «Toto, Harry, ihr seid an der U-Bahn doch fertig. Ich hätte da noch einen harmlosen Einsatz für euch: ein Falschparker vor einer Einfahrt. Da könnt ihr getrost das Blaulicht auslassen.»

Die Adresse in der Bochumer City war uns bekannt, denn dort parkten häufig Kneipenbesucher oder Leute auf Einkaufstour vor irgendwelchen Einfahrten. Das einzig Ungewöhnliche an diesem Einsatz war die Uhrzeit: Es war nämlich bereits 23.00 Uhr, eine eher ungewöhnliche Zeit für einen Falschparker.

«Da ist bestimmt einer spätabends nach Hause gekommen und kann jetzt nicht mehr in seine Garage», überlegte Harry laut.

Als wir an der angegebenen Adresse ankamen und ich den Anrufer sah, wusste ich sofort Bescheid. «Da ist keiner spät nach Hause gekommen, das ist ein alter Bekannter, der gerne Falschparker abschleppen lässt.»

Den Anrufer kannte ich schon mehrere Jahre, er trug im Winter wie im Sommer gestrickte Westen über seinen Hemden und beschäftigte uns häufiger. Vor einiger Zeit hatte er ein Schild an der Hauswand neben der Ausfahrt seiner Garage angebracht. «Arztausfahrt, unbedingt freihalten!» stand darauf. Dass er kein Arzt war, brachten wir schnell in Erfahrung. Aber das war ihm nicht vorzuwerfen, schließlich war es durchaus nervig, ständig vor einer versperrten Garage zu stehen. Dennoch sagt das Schild im Grunde nichts aus. Es ist privat angebracht und gilt daher nicht nach der Straßenverkehrsordnung.

Völlig anders ist das mit Schildern, die auf eine Feuerwehrausfahrt oder einen Aufstellplatz für eine Drehleiter hinweisen. Die muss man unbedingt befolgen, sonst hängt der Wagen nach nur wenigen Minuten am Abschlepphaken. Und zwar völlig zu Recht: Falschparker, die Einsatzfahrzeuge der Feuerwehr behindern, können jederzeit Menschenleben gefährden, da darf man kein Auge zudrücken.

Zurück zu dem altbekannten Herrn. Er hatte es sich ganz offensichtlich in den letzten Jahren zur Pflicht gemacht, in seiner Straße für Recht und Ordnung zu sorgen, indem er alle Falschparker meldete. Tagsüber beim Ordnungsamt der Stadt Bochum, nachts bei der Polizei. Vermutlich hatten ihn die vielen Verkehrssünder im Laufe der Jahre verbittert, und er mochte diese Wildparker einfach nicht, freundlich ausgedrückt. Auch mitten in der Nacht mochte er sie nicht. Da zog er spätabends mit Freude noch mal den Schlafanzug aus und die Strickweste an, um in seiner Straße für Recht und Ordnung zu sorgen.

«Dieser Bus parkt hier einfach die Einfahrt zu, den müssen Sie sofort abschleppen lassen», sagte er, noch ehe wir vor ihm standen.

Der klapprige VW-Bus sah aus, als hätte er schon vor dreißig Jahren einem Studenten gehört. Total verrostet und verbeult. Aber beim Blick auf das Nummernschild sah ich, dass er noch bis Jahresende TÜV hatte.

«Na, dann wollen wir uns der Sache mal annehmen», antwortete Harry.

Der selbsternannte Ordnungshüter ging vor, wir dackelten hinterher. Nach wenigen Metern stellte der Westenträger sich triumphierend vor den VW-Bus.

«So, jetzt sehen Sie es. Der parkt hier vor den Garagen. Das kennt man ja. Wenn da jemand rausmuss, wird es viel zu eng», schimpfte er und holte tief Luft: «Schleppen Sie den sofort ab!»

Bei solch einem Befehlston werde ich immer unruhig, denn wir sind ganz gewiss nicht in der Rolle, Befehle entgegenzunehmen. Trotzdem versuchte ich es im Guten. «Meine erste persönliche Frage an Sie lautet: Wie haben Sie das als Nichtbetroffener denn festgestellt?»

Der Mann ließ sich nicht beirren. «Ich kann nachts nicht so gut schlafen, das wissen Ihre Kollegen schon. Deshalb beobachte ich aus meinem Fenster heraus gern die Gegend», sagte er und zeigte einmal die Straße rauf und wieder runter. «Ja, und da habe ich gesehen, wie der Fahrer, ein ziemlich ungepflegter Kerl, den Bus dort geparkt hat. Das war bestimmt ein linker Student, die halten ja nichts von Regeln und Ordnung.»

Ich musste innerlich schmunzeln.

«Warum haben Sie ihn denn nicht direkt angesprochen und auf sein Verhalten hingewiesen? Dann hätte er woanders parken können», fragte Harry.

Sein Gegenüber schüttelte verständnislos den Kopf. «Ich spreche so jemanden doch nicht einfach an, nachher wirft der mir noch die Scheiben ein. So einem ungepflegten Zausel traue ich alles zu. Dafür sind Sie doch da, deshalb habe ich bei der Polizei angerufen.»

Wir merkten, dass die Diskussion nichts brachte.

«Natürlich darf niemand eine Ausfahrt zuparken», sagte ich. «Nur, ob wir jetzt ein Knöllchen an die Scheibe hängen oder den Bus abschleppen, ist ein entscheidender Unterschied. Denn wir müssen erst prüfen, ob hier tatsächlich jemand dringend rein- oder rausmuss, bevor wir den Wagen entfernen lassen. Und ich sehe hier mitten in der Nacht wirklich niemanden, der die Garagen benutzt. Momentan behindert der Falschparker also keinen anderen Autofahrer.»

Der selbsternannte Ordnungshüter gab nicht auf. «Aber wenn Sie diesen Kerl gesehen hätten. Der schläft morgen garantiert bis mittags, und dann werden hier sehr wohl alle behindert.»

Harry schenkte ihm sein freundlichstes Lächeln. «Da Sie wie erwähnt schlecht schlafen, können Sie ja morgen früh einfach nochmal aus dem Fenster schauen. Wenn hier tatsächlich keiner mehr rein- oder rauskommt, melden Sie sich wieder bei uns. Bis es so weit ist, kriegt der Fahrer aber nur ein Knöllchen.»

Der Anrufer ging mit den Worten «Sie sind der Polizist, machen Sie, was Sie für richtig halten» enttäuscht zurück zu seinem Haus.

Wir schrieben ein Knöllchen und steckten es hinter die Windschutzscheibe.

«Der wird morgen ganz früh weg sein, sonst stellt sich keiner so dreist in eine Einfahrt», meinte Harry auf dem Rückweg.

Da wir am nächsten Morgen nichts mehr hörten, wird der VW-Bus wohl frühmorgens weg gewesen sein.

Fazit

Insbesondere bei Parkverstößen vor Grundstückssein- und -ausfahrten hat jeweils eine Einzelprüfung durch die Polizei zu erfolgen. Wir müssen hierbei immer die sogenannte Verhältnismäßigkeit einer Maßnahme überprüfen. Wenn also beispielsweise der Mieter oder Inhaber einer Garage nicht in der Lage ist, in seine Garage hineinzufahren, weil ein anderer Verkehrsteilnehmer sein Fahrzeug direkt davor geparkt hat, so stellt dies eine Ordnungswidrigkeit nach der StVO dar und wird in der Regel mit einem Verwarnungsgeld geahndet. Dennoch ist es dem Garagenbesitzer zuzumuten, dass er sein Fahrzeug ausnahmsweise außerhalb der Garage abstellt.

Ein Abschleppen auf Veranlassung der Polizei wird dabei in der Regel nicht erfolgen. Es ist natürlich jedem selbst überlassen, ob er ein Abschleppunternehmen zunächst auf eigene Rechnung bestellt und im Nachhinein die Kosten von dem Verursacher auf zivilrechtlichem Wege einklagt.

Wenn ein Garageninhaber dagegen nicht in der Lage ist, aus seiner Garage zu fahren, weil er durch einen anderen Verkehrsteilnehmer behindert wird, so wird im Einzelfall ebenfalls geprüft, ob eine gewisse Notwendigkeit für ein Abschleppen besteht. Hat der Zugeparkte zum Beispiel einen dringenden Arzttermin oder muss schnell zum Flughafen, um seine Maschine zu erreichen, dann sollte er ein Taxi nehmen, weil das Abschleppen zu viel Zeit in Anspruch nehmen würde. Die Kosten kann er später beim Falschparker einfordern. Wenn er jedoch einen wichtigen, aber zeitlich noch nicht so dringenden Termin hat, werden sofortige Abschleppmaßnahmen durch die Polizei angeordnet und vollzogen. Der Falschparker trägt später die Kosten für den Polizeieinsatz, den Abschleppunternehmer und bezahlt natürlich auch noch das Verwarnungsgeld.

Mein Hund tut nichts, deshalb muss ich ihn auch nicht anleinen.

Mann, das regnet heute aber auch ohne Punkt und Komma», sagte Harry. Er stellte den Scheibenwischer eine Stufe höher und fuhr weiter durch den grauen, trüben Herbstregen.

Vor uns bog gerade ein Saab in eine Seitenstraße ab. Beim Bremsen auf den nassen Straßenbahnschienen geriet er sofort ins Schleudern.

Harry hatte offensichtlich den gleichen Gedanken wie ich: «Oh, wenn ich das schon sehe. Gleich kommt bestimmt noch ein Unfall rein. Dann sind wir am Schichtende mal wieder nass bis auf die Knochen, und die nächste Erkältung lässt grüßen.»

«Beschrei es nicht», wollte ich noch sagen, da war es auch schon geschehen. An der Universitätsstraße hatte es ordentlich gekracht.

«Ein Verletzter ist auch dabei, Rettungswagen und Feuerwehr rollen schon. Sonder- und Wegerechte habe ich für euch eingetragen», gab der Kollege aus der Leitstelle durch.

Harry schaltete Blaulicht und Martinshorn ein, und los ging die Fahrt. Wir sagten beide nichts, denn wir wussten auch so, dass uns der Einsatz nervte. Aber wir müssen nun mal auch im Regen unseren Job machen, da geht es uns wie Briefträgern oder Gärtnern. Und jetzt brauchten mal wieder Menschen unsere Hilfe.

Wir kamen fast zeitgleich mit dem Rettungswagen und dem Notarzt an der Unfallstelle an. Der Sanitäter holte gerade noch den Notfallkoffer aus dem Wagen, dann lief er zu einem ziemlich demolierten Fiat Panda. Der Wagen war offenbar ohne Fremdeinwirkung gegen eine Laterne gekracht.

«Ist die besoffen oder eingeschlafen? Wieso fährt die stumpf gegen die Laterne?», rief Harry mir zu.

Die Antwort hätte ich auch gerne gewusst. Aber die Fahrerin konnte man im Moment nicht befragen. Sie saß verletzt und eingeklemmt hinterm Steuer, wo der Notarzt sie gerade versorgte. Nun traf auch die Feuerwehr ein, und ich informierte die Wehrmänner über den Stand der Dinge.

Ab dem Moment überließen wir den Profis die Rettung der Frau und sahen uns nach möglichen Zeugen um. Bremsspuren waren auf der nassen Fahrbahn sowieso nicht zu finden. Da winkte uns ein Mann mit Trenchcoat heran. Er stand auf dem Gehweg und hielt sich einen schwarzen Schirm über den Kopf. Ein Schirm wäre auch für uns gut gewesen, denn die ersten Tropfen liefen mir bereits in den Kragen.

«Hallo, haben Sie vielleicht etwas gesehen und können uns weiterhelfen?», fragte Harry.

«Na klar, ich habe alles gesehen. Fragen Sie doch direkt mal die Frau mit dem Pudel da vorne», kam es sofort zurück.

Der Mann zeigte auf eine Mittvierzigerin mit einem rosa Regenmantel. Neben ihr auf dem Gehweg saß der sprichwörtlich begossene Pudel, aus dessen weißgelocktem Fell schon das Wasser tropfte.

Die Antwort verstanden wir nun beide nicht. «Haben *Sie* jetzt alles gesehen oder die Frau dahinten?», hakte ich nach.

«Wir beide, könnte man sagen. Aber die Frau will es Ihnen bestimmt nicht so gerne erzählen. Die ist nämlich schuld an dem Unfall, oder vielmehr ihr Hund.»

Harry warf mir einen verständnislosen Blick zu, aber ich konnte ihm nicht wirklich helfen, denn mir ging es genauso: Was wollte uns der Herr bloß damit sagen? Harry war inzwischen ziemlich genervt, denn der Regen wurde nicht weniger.

«Jetzt nochmal von vorne», sagte er. «Was ist hier passiert, und was genau haben Sie gesehen? Zu der Frau dahinten kommen wir noch früh genug.»

Der Befragte konnte kaum an sich halten. «Also, ich kenne die Frau schon länger. Die lässt ihren Hund immer ohne Leine laufen, und der kackt auch überall hin. Darüber rege ich mich schon lange auf. Aber was das Vieh heute gemacht hat, das sehen Sie ja jetzt. Der Pudel ist einfach auf die Straße gelaufen. Wollte wohl schnell nach Hause, bei dem Regen.»

«Der Hund ist also auf die Straße gelaufen, und deshalb ist die junge Frau gegen die Laterne gekracht, weil sie ausgewichen ist?», fragte Harry nach.

«Bingo, Herr Kommissar. Jetzt haben Sie es.»

Ich wollte dem Zeugen noch sagen, dass die Situation zu ernst für ein Ratequiz sei, aber Harry holte schon seinen Block heraus.

«So, dann brauche ich jetzt mal Ihren Namen», sagte er.

Ich deutete in Richtung der Pudeldame. «Ich mache da drüben schon mal weiter», sagte ich und ging schnurstracks auf die Hundebesitzerin zu.

Die rief mir schon entgegen: «Es tut mir furchtbar leid, aber das Auto war viel zu schnell.»

Ich stellte mich erst mal vor und fragte die Frau mit der Dauerwelle, ob die Zeugenaussage des Herrn so stimmte.

«Ja, schon», lautete die lapidare Antwort, «aber der Kerl kann mein Hündchen sowieso nicht leiden, der hat an allem was auszusetzen. Immerhin wäre mein kleiner Moppel beinahe überfahren worden, weil die Frau viel zu schnell unterwegs war.»

Ich atmete tief durch. «Wie schnell der Fiat war, das klären wir später. Aber wenn Ihr Pudel auf die Straße läuft und einen Unfall verursacht, sind Sie erst mal schuld. Besonders wenn der Hund nicht angeleint war. Oder irre ich mich da? Ich sehe jedenfalls keine Leine in Ihrer Hand oder am Halsband.»

Die Dame hatte offenbar immer noch nicht realisiert, dass sie in Schwierigkeiten war. «Mein Hund braucht keine Leine, der tut doch nichts.» Sie nahm den weißen Pudel auf den Arm. «Guck mal, Moppelchen, der Onkel meint, du wärst ein ganz Böser.»

«Der Onkel meint gar nichts», schoss es aus mir heraus. «Der Onkel sieht nur, was der Hund offenbar verursacht hat. Eine Frau sitzt schwer verletzt und eingeklemmt hinter ihrem Steuer, und da ist Ihr Moppel nicht ganz unschuldig dran.»

Die Hundebesitzerin war ganz offensichtlich unbelehrbar. «Das tut mir ja auch schrecklich leid, das habe ich doch schon gesagt. Aber wäre die Frau nicht so schnell gewesen, dann wäre sie jetzt nicht eingeklemmt.»

Da ich merkte, dass ich nicht weiterkam, fragte ich die Frau nach ihren Papieren.

«Oh, die habe ich nicht dabei, ich bin ja nur mal eben Gassi gegangen. Ich hole sie gleich.»

«Da komme ich mal eben mit. Wo wohnen Sie denn?», fragte ich vorsichtshalber.

Die Frau mit dem rosa Regenmantel zeigte hinter sich. «Na, direkt hier, der Moppel kennt doch sein Zuhause und wollte nur schnell ins Trockene laufen.»

Da hatte der Mann also tatsächlich recht, dachte ich und ging mit der Dame samt Moppel ins Haus. Der Hund durfte, obwohl er nass und dreckig war, sofort ins Wohnzimmer laufen. Die Wohnung sah aus wie die Frau. Alles war in Rosa gehalten und sehr plüschig. Überall lagen Deckchen und Kissen, und an der Wand hingen unzählige Fotos von Moppel. Eines war besonders heftig: Moppel trug darauf einen rosa Strohhut und eine Sonnenbrille, umgeben von einem goldenen Bilderrahmen.

Nachdem die Frau ihren Personalausweis gefunden hatte, notierte ich mir Name, Adresse und Geburtsdatum. Dann nahm ich die Aussage der Pudelbesitzerin auf. Moppel hatte mich offenbar ins Herz geschlossen, denn er schnupperte ständig an meinem Hosenbein und winselte. Wenigstens bin ich im Trockenen, waren meine Gedanken.

«Warum haben Sie den Hund nicht angeleint?», fragte ich die Dame noch einmal

«Ja, warum nicht? Ich mach das nie, weil mein Süßer so ein Lieber ist. Er mag die Leine nun mal nicht, verstehen Sie das denn nicht? Sie haben wohl keinen Hund?»

«Ob ich Verständnis für den Hund habe, ist erst mal uninteressant», erwiderte ich. «Das Ergebnis des Nichtanleinens ist das Problem. Also, Sie werden von uns hören, das wird eine dicke Anzeige geben. Schließlich geht es hier um fahrlässige Körperverletzung.»

Die Dame wollte das nicht einsehen und wiederholte nur: «Wäre die Frau langsamer gewesen, dann wäre sie auch nicht verletzt.»

«Sie haben ja noch die Möglichkeit, Ihre Sicht der Dinge einzubringen», sagte ich im Hinausgehen. «Sie können auch einen Anwalt einschalten. Wäre vielleicht zu empfehlen.»

Jetzt wurde der Pudelbesitzerin zum ersten Mal bewusst, dass sie in ernsthaften Schwierigkeiten steckte, das sah ich an ihren weinerlichen Augen. Ich verabschiedete mich und ging zurück auf die Straße.

Dort stand Harry neben dem Rettungswagen, die Feuerwehrmänner hatten die Fahrerin bereits aus dem Panda herausgeholt. Dafür hatten sie das halbe Dach abtrennen und die Fahrertür herausschneiden müssen.

Harry empfing mich mit den Worten: «Die Frau hatte nochmal Glück im Unglück. Vermutlich sind der Arm und der rechte Fuß gebrochen, sie hat eine Platzwunde am Kopf und eine Gehirnerschütterung. Der Doc sagt, in vier Wochen ist sie wahrscheinlich wieder die Alte. Ich habe kurz mit ihr im Rettungswagen sprechen können, sie hat die Aussage des Mannes bestätigt. Der weiße Pudel ist ihr einfach vors Auto gelaufen, und sie ist natürlich instinktiv nach rechts ausgewichen, genau gegen die Laterne. Gut für das Tier, schlecht die Frau und ihr Auto.»

Ich erzählte Harry von meinem Besuch in der Pudel-Höhle. Er musste grinsen, als ich von dem Foto mit dem rosa Strohhut berichtete. Dann stiegen wir beide pitschnass in den Wagen und warteten auf den Abschleppdienst.

«Das nächste Mal reden wir nicht darüber, was noch alles passieren könnte. Denn jetzt sind wir nass und müssen gleich noch einen dicken Unfallbericht schreiben. Manchmal ist unser Beruf dann doch nicht so schön», meinte Harry.

Ich grinste. «Ja, aber dafür haben wir den Fall sofort geklärt. Stell dir mal vor, die Frau mit dem Hund wäre abgehauen und der Mann hätte nicht zufällig dagestanden. Dann hätten wir der Fahrerin die Version vom weißen Pudel bestimmt nicht sofort geglaubt.»

Da sah ich im Rückspiegel des flackernde gelbe Blinklicht des Abschleppwagens.

«Na endlich», sagte Harry und gab Gas.

In den meisten Kommunen und Städten gilt eine Anleinpflicht für Hunde. Diese ist meist in den stadtinternen Verordnungen geregelt. Auch in unserer schönen Heimat muss ein jeder seinen Hund auf öffentlichen Wegen und Plätzen nach der Bochumer Sicherheitsverordnung stets an der Leine führen. Das Nichtanleinen stellt eine Ordnungswidrigkeit dar und wird deshalb auch regelmäßig von den Beamten des Ordnungsamtes kontrolliert.

Wenn ein unangeleinter Hund jemanden beißt oder etwas kaputt macht, weil er ohne Leine weglaufen konnte, ist das im schlimmsten Fall sogar eine Straftat. In dem konkreten Beispiel handelt es sich möglicherweise um fahrlässige Körperverletzung. Da die Frau ihren Pudel nicht angeleint hatte, konnte der Hund einfach auf die vielbefahrene Straße laufen. Die Panda-Fahrerin musste als Folge dieser Fahrlässigkeit dem Hund ausweichen, prallte mit ihrem Wagen gegen die Laterne und wurde dabei schwer verletzt. Ein Richter hat das übrigens später auch genau so entschieden.

Mein Beifahrer darf eine Parklücke für mich frei halten. Parklücken wegschnappen ist verboten.

Langsam fuhren wir mit unserem Streifenwagen auf den Parkplatz eines großen Möbelhauses. Es war Samstagvormittag, und alle Welt kaufte mal wieder ein. Wir suchten auf dem Gelände nach zwei wütenden Kontrahenten, die sich um eine Parklücke zankten. Nach wenigen Metern wurden wir fündig, denn es standen bestimmt fünfzehn Personen um die beiden Männer herum und verfolgten das im Grunde völlig alberne Spektakel.

Toto ging direkt nach dem Aussteigen auf die Schaulustigen zu. «Könnten Sie bitte alle zusammen weitergehen, hier gibt es wirklich nichts zu sehen», bat er ganz freundlich.

Ein junger Bursche beschwerte sich. «Och, jetzt wo es gerade richtig spannend wird», trollte sich aber mit den anderen Richtung Eingang.

Nun zum Kampf um die Parklücke: in der grünen Ecke ein

BMW, in der silbernen Ecke ein Saab Cabrio. Die beiden Fahrer standen sich Auge in Auge gegenüber, so jedenfalls wirkte die Szenerie.

«Was ist das Problem, meine Herren?», fragte ich.

Sofort brüllten beide durcheinander, bis Toto energisch sagte: «So, der Herr mit dem BMW kommt jetzt zu mir, der Saab-Fahrer bleibt bei meinem Kollegen stehen. Und das alles geht auch ein bisschen leiser! Wir wollen uns doch bitte wie erwachsene Menschen benehmen.»

Mein Kandidat, den eine üppige Blondine begleitete, fing sofort an zu reden. «Also, ich wollte hier mit meiner Susi eine neue Küche kaufen. Die haben da eine im Angebot, mit Elektrogeräten für knapp tausend Euro.»

Das interessierte mich jetzt eigentlich weniger, aber ich ließ den Mann weitererzählen.

«Da die ganzen alten Typen hier nicht ausparken können, hab ich da vorne in dem Gang festgehangen. Dann hab ich gesehen, dass hier was frei wurde, und meine Susi ist ausgestiegen und hat die Lücke frei gehalten. Auf einmal ist dieser Typ mit dem Saab angeschossen gekommen. Der meint wohl, er wäre was Besseres.»

Jetzt übernahm die Blondine. «Ich steh also hier und warte, da kommt der Typ angerauscht. Fährt mir fast gegen die Beine und macht dann auch noch dreist einen Lauten. Da kennt der mich aber schlecht. Ich hätte dem fast den Lack zerkratzt.» Sie lächelte mich an. «Aber ich hab mir gestern erst die Nägel frisch gemacht, da hab ich dann doch darauf verzichtet.» Demonstrativ hielt sie mir ihre pinkfarbenen Nägel mit Strasssteinchen unter die Nase. «Sieht cool aus, ne?»

«Die Geschmäcker sind verschieden», sagte ich nur, was sie allerdings offensichtlich als Kompliment auffasste.

«Siehste mal, Ronny, der Polizist weiß, wie man sich Damen gegenüber benimmt», fuhr sie nämlich ihren Freund an.

Ich lotste das Gespräch wieder zurück zum Thema Parklücke. «Und was ist dann passiert?», fragte ich.

Jetzt erzählte Ronny weiter. «Ich hab Gas gegeben und bin sofort los, als ich das gesehen hab. Den eitlen Fatzke hab ich fast aus dem Wagen gezogen. Meine Susi macht keiner dumm an, dass muss auch der lernen.»

Ich notierte mir ein paar Stichworte, dann ließ ich mir die Personalien der beiden geben. Die Blondine hatte keinen Ausweis dabei, daher überprüfte ich ihre Angaben schnell über Funk.

Bei Toto lief es etwas gemäßigter ab. Der Saab-Fahrer, ein Bankkaufmann, wollte seine Frau abholen und hatte einen Parkplatz gesucht. Als er die freie Lücke entdeckte und darauf zufuhr, sprang ihm die Blondine vor den Wagen.

«Die hat sofort losgekeift», berichtete er. «‹Verpiss dich, die gehört uns. Pech gehabt›, brüllte sie. Ich dachte, ich hör nicht recht. Ich bin dann langsam in die Parklücke gerollt, aber die Frau ist keinen Zentimeter zur Seite gegangen. Ich wollte gerade aussteigen, da ist ihr Kerl angerauscht und hat wie wild rumgebrüllt. Ich dachte, der stürzt sich gleich auf mich.»

«Hat er Sie denn konkret bedroht? Dann könnten Sie Anzeige erstatten», erklärte Toto.

«Nein, nein, das ist mir zu albern. Ich will nur, dass Sie ihm klarmachen, dass es so nicht geht.»

Ich zog mich mit Toto zu unserem Streifenwagen zurück. Den Kontrahenten hatten wir in aller Deutlichkeit gesagt, dass sie bei ihren Autos bleiben sollten und dass hier jetzt Ruhe herrschte. Das verstanden alle Beteiligten, und die Aufregung hatte sich gelegt. Dennoch wollten sie beide unbedingt recht haben. Wir tauschten uns kurz aus und kamen zu dem Ergebnis, dass der Saab-Fahrer in die Parklücke fahren durfte und somit der Gewinner des «Parkplatz-Kampfes» war.

Wir holten beide Fahrer zu uns heran, und die Blondine trippelte hinterher. Dann erklärten wir ihnen, dass man eine Parklücke nicht blockieren dürfe.

«Na klar, der Schlipsträger ist ja was Besseres und kriegt recht. Komm, Susi, wir hauen ab», polterte der BMW-Fahrer los. «Ich ärgere mich doch nicht mit solchen Typen rum.»

Die beide gingen zu ihrem Wagen, und Susi drehte sich im Weggehen nochmal um. «Dafür kriegt ihr nie so 'ne scharfe Frau wie mich. Ihr seid doch Warmduscher», sagte sie, und ihre Stimme klang schrill.

«Das stimmt, und ich fühle mich nicht mal beleidigt, denn ich dusche wirklich gerne warm», gab ich zurück.

Diesmal verstand sie es nicht als Kompliment und stieg wütend in den grünen BMW. Der Fahrer gab Gas und fuhr mit quietschenden Reifen an. Toto zeigte ihm den erhobenen Zeigefinger, woraufhin er sofort langsamer wurde.

«Na also, geht doch. Und Ihnen noch viel Spaß beim Einkauf», sagte er zu dem verdatterten Kontrahenten.

Der bedankte sich, fuhr in die Parklücke und ging dann zum Eingang. In dem Moment kam seine Frau mit zwei riesigen Tüten angelaufen.

«Mann, wo bleibst du denn, du sollst mir doch tragen helfen», schimpfte sie.

«Das glaubst du mir sowieso nicht. Aber ich erzähl es dir trotzdem gleich», erwiderte er nur.

Fazit

Ein jeder kennt diese Situation. Man sucht nach einer Parklücke, der Beifahrer steigt aus und versucht, diese frei zu halten. Ein solches Blockieren ist allerdings nicht erlaubt und stellt eine Ordnungswidrigkeit dar. Im schlimmsten Fall kann es sogar als Nötigung und damit als Straftat eingestuft werden.

Auch wenn Sie bereits längere Zeit an einer frei werdenden

Parklücke gewartet und den Fahrtrichtungsanzeiger gesetzt haben, besteht kein Rechtsanspruch auf diesen Parkplatz. So nach dem Motto: «Ich habe sie aber zuerst gesehen.» In all diesen Fällen gilt die schlichte sprichwörtliche Regel: Wer zuerst kommt, mahlt zuerst.

Das haben früher schon die Bauern an der Mühle gelernt.

Kinder müssen mit dem Fahrrad immer auf dem Radweg fahren.

Radfahrer neben der Fahrbahn haben keine Vorfahrt.

An Zebrastreifen haben auch fahrende Radfahrer Vorfahrt.

Man müsste nochmal jung sein, am besten Student, und den ganzen Tag freihaben. Das wäre an so einem Tag schon eine feine Sache», sagte Toto, als wir eines Morgens mit dem Streifenwagen bei strahlend blauem Himmel durch die Innenstadt fuhren.

Ich überlegte, ob das wirklich so prima wäre. Jung sein, das schon. Aber mit Familie und gesichertem Einkommen bei der Polizei, das war auch nicht zu verachten. Doch da wurden meine Gedanken jäh unterbrochen.

«Irma elf-fünfunddreißig, schwerer Verkehrsunfall mit einem Radfahrer, vermutlich ein Kind. Allerdings hat es nicht auf der Straße gekracht, sondern auf dem Gehweg. Ein Fußgänger ist auch verwickelt. Notarzt und RTW rollen schon.»

«Hoffentlich hat es das Kind nicht so schwer erwischt», sagte Toto, während wir mit einem mulmigen Gefühl im Magen durch die Stadt Richtung Uni zum Unfallort rasten.

Der Rettungswagen stand zum Glück schon mit flackerndem Blaulicht am Straßenrand, und hinter uns näherte sich mit hoher Geschwindigkeit der Notarzt. Wir stoppten hinter dem Einsatzwagen der Feuerwehr und stiegen aus. Auf dem Gehweg sah ich einen kleinen Jungen neben einem blauen Kinderfahrrad liegen, das auf den ersten Blick gar nicht kaputt aussah. Der Notarzt lief an uns vorbei und kniete sich neben den Jungen. Der Kleine hatte eine stark blutende Platzwunde an der Stirn und weinte. Die Rettungsassistenten hatten ihn schon auf eine Trage gelegt und beruhigten ihn.

Zwei Meter daneben saß ein dunkelhaariger Mann mit Schnurrbart auf dem Boden, der sich das Bein hielt.

«Unverschämter Bengel, fährt der einfach mit seinem Fahrrad in mich rein. Dabei weiß doch jeder, dass man nicht auf dem Gehweg fahren darf, wenn ein Radweg daneben ist. Das lernt man schon in der Schule», schimpfte er laut vor sich hin.

Wir sahen uns nur wortlos an. Dann ging ich zu dem weinenden Jungen und Toto zu dem aufgebrachten Fußgänger.

Der Mann mit der braunen Lederjacke schimpfte sofort weiter: «Hören Sie, der Junge ist schuld, er ist einfach in mich reingefahren. Ich bin von meinem Auto gekommen und wollte zu meiner Wohnung.» Er deutete auf das Mehrfamilienhaus neben der Straße. «Bevor ich den Radweg überquere, guck ich extra noch, ob einer kommt. Beim Gehweg habe ich natürlich nicht achtgegeben. Da knallt der Lümmel auch schon mit voller Wucht gegen mich. Ich habe mir bestimmt das Bein gebrochen.» Demonstrativ zog er seine Hose hoch und deutete auf sein abgeschürftes Schienbein, das langsam blau wurde.

In diesem Moment traf der zweite Rettungswagen ein. Die Sanitäter kümmerten sich sofort um den Fußgänger, der laut losjammerte, als sie sein Bein hochhoben. Später im Krankenhaus stellte sich zum Glück heraus, dass es nur eine schwere Prellung und kein Bruch war. Toto nahm die Personalien des Neunundfünfzigjährigen auf, während er behandelt wurde. Als er wieder anfing, lauthals über den Jungen zu schimpfen, platzte Toto ein wenig der Kragen.

«Jetzt hören Sie doch mal auf», wies er den Mann in seine Schranken. «Zum einen hat der Junge das bestimmt nicht absichtlich gemacht, zum anderen ist der arme Kerl deutlich schwerer verletzt als Sie. Das dürfte Ihnen nicht entgangen sein. Und nicht zuletzt trifft Sie eine Teilschuld, denn auch wenn Sie es jetzt wahrscheinlich nicht glauben wollen: Kleine Kinder müssen sogar auf dem Gehweg fahren, selbst wenn wie hier ein Radweg daneben ist.»

Der kleine Lukas, so hieß der Junge, hatte sich mittlerweile beruhigt. Eine große Mullkompresse zierte seine blutende Stirn, ansonsten schien er nur ein paar Abschürfungen an Händen, Ellenbogen und Knien zu haben.

«Die Wunde auf deiner Stirn nähen wir gleich in der Klinik mit ein paar Stichen, dann hast du eine coole Piratennarbe. Und deine Mama weiß auch schon Bescheid, die ist bestimmt gleich da», tröstete der Notarzt den Jungen liebevoll.

Eine Nachbarin von Lukas war zufällig am Unfallort vorbeigekommen und hatte per Handy seine Mutter informiert, die in wenigen Augenblicken eintreffen musste.

Ich wartete, bis die Frau da war. Sie hatte Tränen in den Augen und war völlig aufgelöst, ließ sich aber vom Notarzt schnell beruhigen.

«Ihr Kurzer hat nochmal Riesenglück gehabt. Vielleicht hat er neben der Platzwunde noch eine kleine Gehirnerschütterung, ansonsten ist er offenbar verschont geblieben. Er sollte aber sicherheitshalber eine Nacht zur Beobachtung bei uns bleiben. Wie gesagt, nach Brüchen sieht es nicht aus. Wir werden ihn trotzdem im Krankenhaus röntgen, um alles auszuschließen», klärte der Arzt die Mutter über das weitere Vorgehen auf.

Als sie Lukas in die Arme nahm, war es mit der Tapferkeit des Jungen wieder vorbei. Hemmungslos schluchzte er los.

«Wie ist das denn passiert, mein Schatz? Du kannst doch schon seit Jahren super Rad fahren», sagte die Mutter.

Lukas musste erst mal schlucken. «Ich bin mit meinem Rad hier langgefahren, echt nicht schnell», erzählte er dann. «Auf einmal kam der Mann angelaufen, direkt vor meinen Lenker. Ich konnte nicht mehr ausweichen, wirklich, Mama.»

Ich fragte nochmal genau nach: «Woher kam der Mann denn? Von dem Grundstück oder von der Straße?»

Lukas musste noch mal schlucken. «Nee, nicht von der Straße. Aus dem Gartentor da vorne. Ich konnte den ja vorher gar nicht sehen. Auf einmal war der da, und dann bin ich über den Lenker geflogen. Voll auf den Kopf, das tat so doll weh. Ist mein Fahrrad eigentlich sehr kaputt?», fragte er ängstlich.

«Ist doch egal, notfalls kaufen wir ein neues», beruhigte ihn die Mutter. «Es ist nur wichtig, dass du wieder gesund wirst.»

Der Notarzt gab mir freundlich ein Zeichen, dass es jetzt reichte. «Wir können eine Gehirnerschütterung nicht ausschließen, der Junge sollte jetzt lieber erst mal ins Krankenhaus», sagte er nachdrücklich.

Ich strich Lukas vorsichtig über den lädierten Arm. «So, dir viel Glück und gute Besserung. Aber du bist ja schon ein großer, tapferer Pirat, wie ich gehört habe. Das wird schon», sagte ich zuversichtlich.

Zum Glück konnte Lukas schon wieder gequält lächeln. Seine Mutter gab mit noch schnell ihre Personalien, dann stieg sie hinten in den Rettungswagen ein und fuhr mit ihrem verletzten Sohn zum Krankenhaus.

Der angefahrene Mann lag mittlerweile auch auf einer Trage und jammerte immer noch ziemlich laut vor sich hin. Als ich zu Toto ging, meckerte der Verletzte gerade einen Rettungsassistenten an. «Passen Sie gefälligst auf meine Hose auf, die ist neu», blaffte er.

Ich musste grinsen und fragte Toto: «Na, was hat der Mann dir sonst noch erzählt?»

Erstaunt hörte ich mir dessen Version an.

«Komisch», erwiderte ich und berichtete, was der Junge ausgesagt hatte.

Toto blickte erstaunt. «Interessant», sagte er, da wollen wir den Herrn doch mal fragen, was nun richtig ist.»

In dem Moment trat eine junge Frau an uns heran. «Entschuldigen Sie, ich habe gerade mitbekommen, worüber Sie reden», begann sie. «Ich habe das Ganze gesehen und kann Ihnen versichern: Der Junge sagt die Wahrheit. Der Mann kam aus dem Gartentor angerannt und wollte offenbar schnell zu seinem Auto. Der Kleine konnte gar nicht mehr bremsen.»

Ich nickte der Frau freundlich zu. «Gut, dass Sie sich melden. Ich bräuchte bitte mal Ihre Personalien als Zeugin.» Bereitwillig gab die Frau mir ihren Ausweis, ich notierte mir kurz den Namen, Anschrift und eine Telefonnummer.

«Danke, vielleicht müssen Sie das noch schriftlich zu Protokoll geben, Sie bekommen dann Post von uns.»

Toto sah mich auffordernd an. «Na, dann wollen wir mal», meinte er. «Ich freue mich schon auf diesen Meckerhannes. Besonders wenn er gleich merkt, dass wir ihn beim Lügen ertappt haben.»

Nebeneinander gingen wir zum Rettungswagen, in den die Sanitäter den Mann mittlerweile geschoben hatten. Toto stieg ein, ich blieb an der geöffneten Tür stehen.

«So, mein Herr, jetzt wollen wir das nochmal von Ihnen hören. Woher kamen Sie denn nun angelaufen?»

Plötzlich wusste der Verletzte nicht mehr so genau, wie alles abgelaufen war. «Ich stehe immerhin unter Schock, vielleicht bin ich auch nicht vom Auto, sondern vom Haus gekommen.»

«Dann helfe ich Ihnen jetzt mal», entgegnete Toto. «Sie sind ganz sicher vom Haus gekommen, wir haben nämlich eine Zeugin. Sie sind dem Jungen stumpf vors Rad gelaufen, und danach schimpfen Sie auch noch auf den Kleinen, der blutend und weinend auf dem Asphalt liegt. Ich an Ihrer Stelle würde mich schämen.»

Jetzt wurde der Mann frech. «Jetzt passen Sie mal gut auf. Das ist ja wohl piepegal, woher ich gekommen bin. Ich war auf dem Gehweg, und da darf der Rotzlümmel kein Fahrrad fahren. Das müssten Sie als Polizisten allerdings wissen.»

Toto konnte sich ein zynisches Grinsen nicht verkneifen. «Ich schiebe es mal darauf, dass Sie einen Schock haben: Ich habe Ihnen gerade erst erklärt, dass Kinder unter acht Jahren auf dem Gehweg fahren *müssen*. Sogar dann, wenn ein Radweg daneben ist. Da der Junge, dem Sie vors Rad gelaufen sind, erst sieben Jahre alt ist, hat er alles richtig gemacht. Ganz im Gegensatz zu Ihnen.»

Offenbar merkte der Mann, dass er überführt war. «Ihnen sag ich gar nichts mehr. Ich nehme mir einen Anwalt. Wollen wir doch mal sehen, wer hier recht hat.»

«Es geht hier nicht um Rechthaben, sondern darum, im Recht zu sein», wollte ich erst sagen, hielt aber meinen Mund. Das hätte bei dem mürrischen Mann ohnehin nichts gebracht.

«Sie hören von uns. Und auch wenn Sie nicht mehr mit mir reden wollen: gute Besserung», sagte Toto beim Aussteigen.

Damit gingen wir zurück zum Bulli.

«Es gibt einfach zu viele Fehlinformationen bei den Verkehrsteilnehmern. Wird den Leuten so etwas in der Fahrschule überhaupt beigebracht?», wandte ich mich an Toto.

«Das frag ich mich auch», meinte er. «Das ist genau das Gleiche wie mit den Unfällen beim Abbiegen. Der Radfahrer fährt geradeaus, und der abbiegende Autofahrer nimmt ihn auf die Hörner. Viele Autofahrer wissen gar nicht, dass der Vorfahrt hat.»

Da sagte Toto was. Besonders dramatisch endeten diese Unfälle mit Lastern. Wenn die Radler nämlich unter die schweren Reifen gerieten, überlebten sie nur selten oder mit schwersten Folgeschäden. Bei Lkws ist allerdings der tote Winkel beim Blick aus dem Führerhaus das größere Problem.

Toto riss mich aus meinen Gedanken. «Denk nur mal an den Fall von vor zwei Wochen, da war es genau andersherum. Der angefahrene Radler auf dem Fußgängerüberweg. Der fühlte sich auch völlig im Recht.»

Toto meinte eine Geschichte, die wir im Spätdienst erlebt hatten. Der Unfall war an einem Fußgängerüberweg passiert. Der Mann mit seinem Mountainbike war, ohne abzusteigen und vermutlich auch ohne zu gucken, über den Zebrastreifen gefahren und mitten auf der Straße von einem Opel-Fahrer erwischt worden. Der verletzte Radler verstand nicht, dass er mindestens eine Mitschuld hatte, denn er hätte vor dem Überqueren absteigen müssen. Das Ding heißt ja nicht umsonst Fußgängerüberweg, nicht Radlerüberweg. Die Einzigen, die über einen Zebrastreifen fahren dürfen, sind Rollstuhlfahrer.

Fazit

Kinder im Alter unter acht Jahren dürfen nicht nur, sie müssen sogar auf dem Gehweg Rad fahren. Das steht so in der Straßenverkehrsordnung. Sie müssen auch dann auf dem Gehweg fahren, wenn daneben ein Radweg vorhanden ist. Dadurch sollen kleine Kinder eigentlich vor schweren Unfällen, insbesondere mit Autos, geschützt werden. Kinder bis zehn Jahren dürfen als Radfahrer den Gehweg benutzen – stets mit vernünftiger Geschwindigkeit, und Vorrang hat der Fußgänger.

Radfahrer, die auf oder neben der Fahrbahn in die gleiche Richtung fahren, haben Vorrang vor abbiegenden Fahrzeugen. Das wissen immerhin ein Viertel aller Führerscheininhaber laut einer Umfrage nicht! Dabei gilt dies sogar dann, wenn ein Radfahrer diese «Wege» nicht ordnungsgemäß befährt, also beispielsweise in die falsche Richtung.

Ein besonders gefährlicher Irrtum ist der Radler auf dem Zebrastreifen. Laut Straßenverkehrsordnung müssen Fahrzeuge (mit Ausnahme von Schienenfahrzeugen) an Fußgängerüberwegen nur anhalten, wenn Fußgänger oder Roll- beziehungsweise Krankenfahrstuhlfahrer die Fahrbahn überqueren möchten. Radfahrer sind demnach nur dann geschützt, wenn sie ihr Fahrrad beim Überqueren eines Zebrastreifens schieben.

Auf Parkplätzen und in Parkhäusern gilt die Regel «rechts vor links».

Die Polizeiarbeit stellt selbst Kollegen mit jahrelanger Berufs-erfahrung immer wieder vor neue Herausforderungen. Man macht ständig andere Erfahrungen und lernt Tag für Tag dazu. Zwar bekommen wir eine fundierte Ausbildung, gerade in Hinsicht auf Gesetze, Vorschriften und Rechtsverordnungen, dennoch können wir nicht alles wissen oder jede einzelne Vorschrift im Kopf haben. Deshalb kommt es auch bei uns manchmal zu Fehleinschätzungen und kurzfristigen Irrtümern.

Es ist noch nicht allzu lange her, da musste ich mir eingeste-hen, bei einem Einsatz anfangs danebengelegen zu haben. Wir hatten Spätschicht und erhielten in den Nachmittagsstunden fol-genden Auftrag: «Irma elf-fünfunddreißig, fahrt mal zu dem gro-ßen Parkplatz bei dem Einkaufszentrum in Riemke. Es geht um einen VU Blech.»

Für uns ist so ein Unfall mit Blechschaden eigentlich kein besonderer Einsatz, aber dieser eine ist mir dennoch sehr gut in Erinnerung geblieben.

Wir fuhren durch den Berufsverkehr zum Ort des Geschehens, und an jeder Ampel mussten wir minutenlang stehen. Manchmal denken dann die Menschen, die auf uns warten: Meine Güte, lassen die sich lange Zeit. Aber das ist nicht so, wir müssen uns bei einem normalen Einsatz wie alle anderen durch den Berufsverkehr quälen und dürfen nur in Notfällen mit Blaulicht und Martinshorn fahren. Daher brauchen wir oft deutlich länger zum Einsatzort, als sich das so mancher vorstellen kann, der neben seinem demolierten Wagen steht und wartet.

Als wir endlich ankamen, meinte Toto sofort: «Na, dann mal viel Spaß bei der Suche. Ich sehe hier ohne Ende Autos, nur wo sind unsere Anrufer?»

Wir fuhren langsam auf den großen Parkplatz. Vor uns versuchte gerade eine ältere Dame, in eine Parklücke zu rangieren.

«Wenn wir noch zwei Minuten warten, haben wir hier wahrscheinlich die nächste Kandidatin, die Frau kann ja kaum übers Lenkrad gucken», sagte ich zu Toto.

Dann suchten wir weiter, entdeckten aber erst mal nichts. Immer wieder liefen uns gestresste Familien mit Kindern und Einkaufswagen vor den Bulli. Ich hörte ein Kind weinen, das plötzlich einen Tobsuchtsanfall bekam. «Ich will aber unbedingt das Überraschungsei, ich will zurück. Ihr seid so gemein», brüllte das Mädchen. Die genervte Mutter zog ihre Tochter schließlich an der Hand hinter sich her.

Nach einigen Minuten wurden wir auf zwei wild gestikulierende und winkende Frauen aufmerksam.

«Na, wenigstens haben wir damit schon mal die Nadel im Heuhaufen gefunden. Aber die Damen wirken leicht hysterisch, geht es nicht bloß um einen Parkrempler?», fragte Toto.

Einen Moment später redeten die beiden Mittvierzigerinnen laut auf uns ein, und wir verstanden kein einziges Wort.

«Siehste, wusst' ich's doch. Das wird richtig anstrengend», murmelte Toto mir zu.

Ich beruhigte die beiden Frauen erst mal. «So, jetzt bitte eine nach der anderen. Hier kommt jede zu Wort, und nicht die Lauteste ist im Recht.»

Sofort schnatterte die eine Dame wieder los. «Ja, aber ich bin wirklich im Recht, das werde ich doch wohl noch sagen dürfen.» Dann fügte sie hinzu: «Das sieht sogar die andere Fahrerin ein, um den Punkt gibt es ja auch gar keinen Streit.»

Wir gingen mit den beiden Autofahrerinnen zu ihren leicht demolierten Wagen, die mit Warnblinklicht zwischen den scheppernd herumgeschobenen Einkaufswagen standen.

Der schwarze Smart und der pinkfarbene Corsa waren beide vorne leicht verbeult, bei dem Opel war auch noch das Blinkerglas zersplittert. Die Scherben lagen verstreut unter der Stoßstange. Schaulustige gab es keine, offenbar hatte zum Gaffen keiner Zeit. Nun schilderten die beiden Frauen friedlich nacheinander den Unfallhergang, witzigerweise in fast völlig identischer Weise. Sonst haben die Unfallgegner gerne mal völlig verschiedene Ansichten, wieso es gekracht hat, und wir müssen mühsam versuchen, die Wahrheit anhand der Unfallspuren herauszufinden.

Die Dame mit dem Smart hatte nach eigener Aussage eine «Fahrspur» des Parkplatzes befahren und dabei nach einer freien Parklücke Ausschau gehalten. «Da es hier supervoll ist, war das nicht einfach. Deswegen war ich sicherlich ein bisschen abgelenkt. Aber an der Einmündung hier vorne kam dann der Corsa von links angefahren und bog einfach in die gleiche Richtung ein wie ich. Da hat es auch schon gescheppert. Ich konnte beim besten Willen nicht mehr bremsen.»

«Ja, ich weiß, ich bin von links gekommen, deshalb hatte die

Dame von rechts Vorfahrt. Auch wenn der Smart schon ein bisschen flott unterwegs war für einen Parkplatz. Aber was soll's, ich kann es nun nicht mehr ändern und bin zum Glück gut versichert», erwiderte die Opel-Fahrerin schuldbewusst.

Ich teilte diese Einschätzung, wollte gerade die Fahrerin des Opels als Unfallverursacherin bezeichnen und den entsprechenden Unfallbogen ausfüllen, da zog mich Toto am Arm.

«Warte mal kurz. Ich glaube, das ist nicht so einfach», sagte er dann. Er ging kurz mit mir zu unserem Bulli. «Ich bin mir zwar ehrlich gesagt auch nicht ganz sicher, aber ich glaube, es gibt auf Parkplätzen eine Sonderregelung zum Thema rechts vor links. Ich meine, das gilt hier nicht wie auf der Straße», mutmaßte er und schlug vor, unseren Dienstgruppenleiter auf der Wache anzurufen.

Verunsichert ging ich wieder zu den Damen hinüber. «Wir müssen nochmal abklären, wie die genaue Regelung auf einem Parkplatz ist. Einen kleinen Moment bitte, es geht gleich weiter.»

Ich holte mein Handy aus der Jackentasche und wählte die Rufnummer unserer Wache. Glücklicherweise war unser Dienstgruppenleiter im Büro und hatte gerade Zeit, also schilderte ich ihm schnell, was vorgefallen war. Unser Chef, wir nennen ihn alle nur «Z», da mit diesem Buchstaben sein Nachname anfängt, kennt sich zum Glück super mit rechtlichen Bewertungen und Sonderregelungen aus. Er muss fast nie etwas nachschlagen und hat selbst die unmöglichsten Sachen im Kopf. Eigentlich ist er ein Kandidat für *Wetten, dass …*

«Du, Harry, da muss ich Toto absolut recht geben. Auf öffentlichen Parkplätzen gilt die Regel rechts vor links grundsätzlich nicht. Vielmehr müssen die Verkehrsteilnehmer gegenseitige Rücksichtnahme üben», antwortete er in seiner gewohnt ruhigen Art. «Du musst daher beide Fahrzeugführerinnen verwarnen und die Unfallbögen für die Versicherungen ausfüllen. Die anschließende Frage, wer einen höheren Anteil der Schuld an dem Verkehrsunfall trägt, ist dann eine rein zivilrechtliche Geschichte.»

Ich staunte nicht schlecht, aber ich hatte wieder etwas dazugelernt, und ich war froh, dass Toto mir den Tipp gegeben hatte. Viel größer war das Erstaunen allerdings bei den beiden unfallbeteiligten Frauen. Mit einem fast ungläubigen Gesichtsausdruck kommentierten sie das Gesagte.

«Das habe ich ja noch nie gehört», sagte die eine erstaunt.

«Das wurde uns in der Fahrschule damals aber so nicht beigebracht», empörte sich die andere.

«Ich hätte auch danebengelegen, aber unser Chef kennt sich mit der Straßenverkehrsordnung wirklich gut aus. Dem können wir schon glauben», hielt ich dagegen und schmunzelte.

Die Corsa-Fahrerin hatte damit kein Problem und glaubte unserem «Z» gerne, denn auf einmal war sie nicht mehr die alleinige Verursacherin. Die bis eben noch als Unfallopfer dastehende Smart-Fahrerin sah das natürlich etwas anders.

«Da frage ich erst mal den Anwalt meines Mannes, das kann unmöglich sein. Rechts vor links gilt überall», wandte sie ein.

Toto erklärte ihr, dass sie natürlich einen Rechtsanwalt einschalten und die Sachlage prüfen lassen könne. «Wir sprechen Sie hier ja nicht schuldig, der zivilrechtliche Weg steht Ihnen jederzeit offen.»

Anschließend füllte ich nach den Angaben unseres Dienstgruppenleiters die beiden Unfallbögen aus und musste gegen beide Damen zusätzlich ein Verwarnungsgeld in Höhe von fünfunddreißig Euro erheben. «So leid es mir tut, das ist vorgeschrieben. Sie müssen beide dran glauben.»

Die Corsa-Fahrerin bezahlte sofort mit ihrer EC-Karte. Die Smart-Fahrerin war inzwischen doch ein wenig angefressen.

«Das können Sie vergessen, das zahl ich erst mal nicht», erwiderte sie leicht verstimmt. «Schicken Sie mir die Unterlagen bitte zu. Sie haben selbst gesagt, ich darf erst mal mit meinem Anwalt sprechen. Wenn der das genauso sieht, zahle ich. Aber das glaube ich nicht.»

Ich gab ihr eine Zahlkarte, und wir verabschiedeten uns.

Nachdem wir wieder im Streifenwagen saßen, setzte ich sofort an, mich bei Toto für die Hilfe zu bedanken, doch bevor ich zu Ende reden konnte, winkte er schon ab.

«Mensch, Harry, dafür sind wir doch ein Team, und zwar ein richtig gutes», sagte er. «Eigenlob muss auch mal sein. Und das ist ja das Schöne: Wenn der eine mal nicht weiterweiß, springt der andere ein. Ich bin froh, dass wir uns immer aufeinander verlassen können. Wenn ich ehrlich bin, wusste ich es auch nicht ganz genau, was wären wir schon ohne unseren Z?»

Ich klopfte Toto auf die Schulter.

«Also, beim nächsten Mal bist du wieder dran, du Ahnungsloser», sagte er und grinste.

Fazit

Die Vorfahrtregel rechts vor links aus der Straßenverkehrsordnung gilt nur an Kreuzungen und Einmündungen und auch dort natürlich nur, wenn keine Verkehrszeichen vorhanden sind, welche die Vorfahrt regeln. Die Fahrgassen auf den meisten öffentlichen Parkplätzen sind dagegen keine sogenannten gewidmeten Straßen, weshalb es dort auch keine Kreuzungen oder Einmündungen im eigentlichen Sinne gibt. Demnach gilt hier grundsätzlich nicht rechts vor links, sondern gegenseitige Rücksichtnahme.

Dennoch sollte man nicht darauf vertrauen, dass dies auch jeder Verkehrsteilnehmer weiß. Parkplätze und Parkhäuser stellen ein grundsätzliches Problem dar, bei dem es häufig zu Irrtümern und damit zu – aufgrund der geringen Geschwindigkeiten meist glimpflichen – Unfällen kommt. Handelt es sich bei einem Parkplatz oder Parkhaus um Privatgelände, beispielsweise bei einem Hotel, zu dem nur Hotelgäste Zugang haben und das durch bauliche Maßnahmen, zum Beispiel eine Schranke, nicht für jedermann zugänglich ist, so gilt auch hier nicht die Straßenverkehrsordnung.

Selbst angebrachte Verkehrszeichen wie «Vorfahrt» oder «Vorfahrt achten» hätten in diesem Falle keine rechtliche Bedeutung. Ferner ist anzumerken, dass auf Privatgrundstücken im Gegensatz zu öffentlichen Parkplätzen keine polizeiliche Unfallaufnahme erfolgt. Da muss man sich im Streitfall eben zivilrechtlich auseinandersetzen.

Taxifahrer können Kurzstrecken ablehnen, und der Fahrgast muss immer das erste Taxi in der Warteschlange nehmen.

Taxifahrer ist wahrlich kein leichter Job. Man muss nachts Betrunkene durch die Gegend fahren, hat oft aggressive Fahrgäste, die nicht zahlen wollen, und manche kleben einem zu allem Übel dreist Kaugummis an die Sitze. Dazu entsteht durch die große Konkurrenz der vielen Taxen ein enormer Druck für die Unternehmer und ihre meist schlecht bezahlten Fahrer.

So kommt es gerade vor großen Bahnhöfen und Flughäfen immer wieder auch zu Streitigkeiten unter den Taxifahrern, bei denen wir manchmal sogar schlichtend eingreifen müssen. Eines Sommers hatten wir genau solch einen Fall am Taxi-Halteplatz vor dem Bochumer Hauptbahnhof. Dort stehen während des Nachmittags und in den Abendstunden bis zu dreißig Taxen hinter- und nebeneinander, und alle hoffen auf Fahrgäste.

So auch an diesem schwülwarmen Tag. Vor dem Bahnhof wartete mal wieder der bekannte Lindwurm von beigefarbenen Autos, und die Fahrer harrten verschwitzt in der prallen Mittagshitze neben ihren Taxen aus. Nicht nur die Luft war stark aufgeheizt, auch der Mangel an zahlungsfreudigen Fahrgästen machte den Männern und Frauen merklich zu schaffen. Schlicht gesagt: Die Stimmung schwankte zwischen genervt und frustriert.

Wie wir später erfuhren, traf genau zu diesem Zeitpunkt eine ältere Dame mit dem Zug aus Hamburg in Bochum ein und wollte den Rest ihres Heimweges mit dem Taxi fahren. Die Rentnerin verließ den Bahnhof am Haupteingang und steuerte, einen Rollator vor sich herschiebend, auf den Halteplatz zu. Statt wie die meisten Menschen das vorderste Taxi in der überlangen Warteschlange zu nehmen, suchte sich die Dame eines der hinteren Fahrzeuge aus.

Mit einem Lächeln begrüßte der verdutzte Taxifahrer die Dame und half ihr zunächst in den Wagen, bevor er die Gehhilfe im Kofferraum verstaute. Er freute sich sehr, hatte er doch befürchtet, noch mindestens eine Stunde auf die nächste Fahrt warten zu müssen. Denn vor ihm standen dreizehn Kollegen mit ihren Wagen. Und nun stieg die Rentnerin ausgerechnet bei ihm ein. Dem Fahrer des ersten Taxis in der Schlange war dies natürlich nicht entgangen, weshalb er nun wutentbrannt auf den Kollegen zukam, um ihn zur Rede zu stellen.

«Das gibt's ja wohl nicht! Was soll denn das, spinnst du? Kannst dich wohl nicht an die Regeln halten, oder wie? Das haben hier schon andere versucht, aber die sind heute nicht mehr hier.» An die ältere Dame gerichtet bemerkte er mit einem aufgesetzten Lächeln: «Sie müssen schon das erste Taxi in der Schlange nehmen.»

«O Entschuldigung, das habe ich nicht gewusst! Ich will doch nur schnell nach Hause und bin so kaputt von der langen Fahrt in dem heißen Zug! Das Taxi hier stand am nächsten, und ich war froh, endlich da zu sein», rechtfertigte sich die gehbehinderte Rentnerin.

Als die alte Dame daraufhin Anstalten machte, wieder aus dem Taxi zu steigen, explodierte der eben noch fröhliche Taxifahrer vom Ende der Schlange förmlich. «Nix da, immer schön langsam, die Frau sitzt jetzt in meinem Taxi, such dir einen eigenen Fahrgast und lass meinen in Ruhe», fuhr er den Kollegen an. Zu der Frau sagte er freundlich: «Bleiben Sie ruhig sitzen.»

Sofort kam es zu einer lautstarken Auseinandersetzung zwischen den beiden Berufskraftfahrern, denn der Spitzenreiter der Warteschlange wollte so schnell nicht aufgeben.

Das Geschrei war der alten Dame offensichtlich peinlich. «Aber meine Herren, benehmen Sie sich bitte! Ich will nur schnell um die Ecke, zwei Straßen weiter. Da gibt es doch keinen Grund für einen solch lauten Streit! Und dann noch wegen mir.»

Der Satz zeigte bei den Streithähnen sofort Wirkung, denn sie verstummten schlagartig. Offensichtlich hatte auf einmal keiner der beiden Fahrer mehr Lust, die ältere Dame auf dieser Kurzstrecke zu transportieren, denn das brachte kaum was ein. Der Fahrer des vorderen Taxis wollte sich gerade wortlos zu seinem Wagen davonmachen, da rief der andere: «He, bleib mal schön hier. Eben wolltest du die Frau noch aus meinem Wagen zerren. Hast ja auch recht, es ist deine Fahrt.»

Der vorher noch so nett lächelnde Fahrer war schon dabei, der Rentnerin aus seinem Taxi zu helfen. Das heißt, er zog sie fast heraus. Just in dem Moment erschienen wir auf der Bildfläche. Ein dritter Taxifahrer hatte die Leitstelle benachrichtigt, weil er befürchtete, dass seine Kollegen irgendwann handgreiflich würden. «Da hauen sich gleich zwei Kollegen was auf die Glocke, schickt mal lieber einen Streifenwagen vorbei, denen bekommt die Hitze ganz offensichtlich nicht», hatte er gemeldet.

Da wir zufällig gerade nur eine Minute vom Hauptbahnhof entfernt waren, bekamen wir die Sinneswandlung hautnah mit. Am Ort des Geschehens trennten wir erst mal die schreienden Streithähne. Wie der Kollege vermutet hatte, wirkte es tatsächlich, als wollten die beiden Taxifahrer gleich die Fäuste fliegen lassen. Nachdem Ruhe eingekehrt war, kümmerte ich mich um die ältere Dame, während Toto weiterhin die Männer «bewachte».

Durch die unerträgliche Schwüle sichtlich angegriffen und den Tränen nahe, schilderte sie mir den Vorfall. «Ich wollte einfach nur nach Hause, ich will um Himmels willen keinem was Böses und auch niemanden ärgern. Ich verstehe das alles nicht.» Während Toto schwer beschäftigt war, konnte ich aus den Augenwinkeln erkennen, wie ein weiterer Taxifahrer auf uns zukam.

«Wenn Sie mit der Dame fertig sind, fahre ich sie nach Hause», sagte er. Dann legte er der Rentnerin den Arm um die Schultern und meinte: «Es kostet Sie auch nichts. Das ist ja peinlich für unseren Berufsstand, wie die sich hier aufführen. Ich mache das wieder gut und bringe Sie bis in Ihre Wohnung.» Dankbar lächelnd schaute die Dame den Taxifahrer an. «Oh, Sie sind aber nett», sagte sie erleichtert.

Ich notierte mir die Personalien der Rentnerin, falls wir sie später noch als Zeugin brauchten. Dann kümmerte sich der freundliche Taxifahrer wie versprochen um die alte Dame, lud sie mitsamt ihrer Gehhilfe in seinen Mercedes und fuhr mit ihr davon.

Toto hatte die beiden Streitenden mittlerweile weiter abgekühlt. In unserem Beisein backten sie auf einmal kleine Brötchen, denn beiden war nun durchaus bewusst, dass sie sich nicht korrekt verhalten hatten – spätestens seit der Kollege sie mit seinem Angebot beschämt hatte.

«Ihr seid doch erwachsene Kerle, wie sieht das denn aus, wenn ihr hier so ein Theater macht? Noch dazu direkt vorm Hauptbahnhof, wo die Gäste in unserer Stadt ankommen. Das geht wirklich gar nicht», redete er ihnen ins Gewissen.

«Aber er ist schuld mit der wirklich dreisten Aktion, die Frau einfach in seinen Wagen zu zerren», gab der eine keine Ruhe.

«Ja soll ich die zittrige Dame etwa einfach wegschicken? Du spinnst doch», wetterte der andere.

Ich schaute sie nur an und sagte scharf: «Jetzt ist aber Schluss, oder wollen Sie beide mit zur Wache? Dann haben Sie heute keinen einzigen Fahrgast mehr.»

Die Sprache kapierten die Hitzköpfe sofort, denn beide gelobten Besserung und gaben sich sogar die Hände. Wir beließen es bei einer Ermahnung und gingen zurück zu unserem Streifenwagen.

«Das ist schon ein ganz eigenes Völkchen, diese Taxifahrer. Sonst sind sie sich immer einig, aber wegen einer Fünf-Euro-Fahrt gehen sie aufeinander los», wunderte sich Toto.

«Es ist heute halt viel zu heiß, das geht offensichtlich an keinem spurlos vorüber», erwiderte ich nur.

Fazit

An Taxiständen hat jeder Fahrgast grundsätzlich freie Fahrzeugwahl und ist nicht verpflichtet, das erste Taxi in der Warteschlange zu nehmen. In diesem Fall war die ältere Dame sehr schlecht zu Fuß, und der Weg zu einem der hinten stehenden Wagen war für sie wesentlich kürzer als der zum ersten Fahrzeug in der Warteschlange. Unter den Fahrern gibt es zwar die stillschweigende Übereinkunft, dass immer der Erste der Schlange den ankommenden Fahrgast aufnimmt, aber dafür gibt es keine rechtliche Grundlage.

Zu allem Übel wollte die Dame auch noch nur auf einer Kurzstrecke transportiert werden. Solche unlukrativen Fahrten sind bei Taxifahrern natürlich nicht sehr beliebt, zumal sie sich im Anschluss wieder am Ende der Warteschlange einreihen müssen. Es besteht aber die Pflicht, einen Fahrgast zu dem von ihm gewünschten Fahrtziel zu transportieren – und wenn es nur ein paar Meter sind. Jeder Fahrer hat ferner die Verpflichtung, die kürzeste und günstigste Fahrtstrecke zu wählen.

Ein Taxifahrer hat jedoch auch die Möglichkeit, unter bestimmten Gegebenheiten einen Fahrgast abzulehnen. Dies ist zum Beispiel dann der Fall, wenn der Fahrgast eine Gefährdung des Betriebes darstellt. Beispielsweise bei stark betrunkenen oder verschmutzten Fahrgästen, ebenso bei aggressiven oder zahlungsunfähigen Menschen. Übrigens: Für den Transport von Gepäckstücken, Rollstühlen und Kinderwagen darf keine Extragebühr erhoben werden, sofern sich diese sicher im Fahrzeug verstauen lassen. Und der Transport in Großraumtaxen ist auch nicht teurer als in anderen Fahrzeugen. Erst wenn mehr als vier Fahrgäste mitfahren, kann der Taxifahrer einen Zuschlag erheben.

Bei einem Parkrempler muss ich nicht auf den Fahrzeughalter warten, da reicht ein Zettel an der Windschutzscheibe.

Ich war gerade total müde vom Frühdienst nach Hause gekommen und sollte nun, da meine Frau einen Termin beim Arzt hatte, schnell mit unserer Tochter zum Einkaufen fahren. Toll, dachte ich. Ausgerechnet Freitagnachmittag, das ist bekanntermaßen die beste Zeit dafür. Aber man hat als Familienvater nun mal auch Pflichten, und so schnappte ich mir den Einkaufszettel vom Küchentisch und die kleine Sophia und fuhr zum Supermarkt. Schon beim Abbiegen auf den großen Parkplatz dachte ich: Schönen Dank, hier sieht es ja aus, als gäbe es ab morgen nichts mehr. Oder bekommt man hier was umsonst?

Die Autos stauten sich bereits, denn ein Mann kam mit seinem Kombi nicht in eine Parklücke und hielt den ganzen Verkehr auf.

«Soll der Papa mal aussteigen und den Verkehr regeln?», sagte ich im Scherz zu meiner Tochter.

«Bloß nicht, das ist ja peinlich», erwiderte Sophia sofort.

Nach drei Minuten hatten wir endlich einen Parkplatz gefunden und stiegen aus. Wir schnappten uns einen Einkaufswagen und drängten uns mit den unzähligen anderen Käufern durch die Gänge. Als wir uns endlich in die Schlange an der Kasse einreihten, blickte ich durch die große Schaufensterscheibe auf den Parkplatz.

Immer noch herrschte wilder Verkehr, ein Passat-Fahrer hupte genervt, aber das brachte ihn auch nicht schneller vorwärts. Als wir gerade gezahlt hatten, sah ich beim Wegschieben des Einkaufswagens, wie ein aufgemotzter blauer Golf GTI rasant auf das Gelände fuhr. Spinner, dachte ich nur, als ob man dadurch schneller ein Parkplatz findet. So jemand gefährdet nur die herumlaufenden Kinder. Wenn ich den draußen gleich sehe, spreche ich ihn an.

Als wir vor die Tür traten, hatte der vermeintliche Sportwagenfahrer noch keinen Parkplatz bekommen. Während wir Brot, Äpfel und Nudeln in den Kofferraum packten, drehte der Golf-Fahrer die nächste Ehrenrunde. Ich hörte erst die laute Musik, dann vernahm ich, wie er stark abbremste und sofort wieder Vollgas gab. Sekunden später ertönte dieses fiese Geräusch, wenn Autoblech gegen Autoblech reibt.

«Jetzt ist es dem Spinner passiert, ein Unfall», murmelte ich vor mich hin, drehte mich um und suchte den blauen Golf.

Er stand in einer extrem eng aussehenden Parklücke, und der Fahrer, ein junger Bursche mit Jeansjacke, quetschte sich gerade aus der Autotür. Er ging um den Wagen herum und fluchte vor sich hin. Schließlich hockte er sich neben seinen aufgemotzten Golf und strich über den Kotflügel. Er war gegen einen grünen Toyota gefahren und hatte an der hinteren Tür des Wagens einen langgezogenen, tiefen Kratzer hinterlassen. Das kümmerte den unerfahrenen Fahrer aber offenbar wenig, denn er saß jammernd vor seiner eigenen aufwendig lackierten und nun verkratzten Stoßstange.

Dann fiel ihm offenbar ein, dass der anderen Wagen auch etwas abbekommen hatte. Zunächst rieb er wie wild mit seiner Spucke an der Tür des Toyotas herum, der Kratzer war aber verständlicherweise so nicht zu beheben. Während ich mit Sophia unsere eingekauften Sachen weiter in den Kofferraum einräumte, beobachtete ich das Spielchen aus den Augenwinkeln. Dann geschah, was ich schon befürchtet hatte. Weil immer mehr Leute stehenblieben, wurde der Golf-Fahrer unruhig. Hätte keiner etwas mitbekommen, wäre er wahrscheinlich direkt weggefahren. Aber nun stand er unter Beobachtung.

Der Jeansjacken-Typ kletterte umständlich in seinen Wagen und kam nach kurzer Zeit mit einem Zettel hervor. Laut sagte er in Richtung der Zeugen: «Ist gar nichts dran, aber sicher ist sicher. Nicht dass der arme Kerl auf seinem Schaden sitzenbleibt.»

Linkisch grinste er in die Runde, kritzelte etwas auf den Zettel, klemmte das Papier unter den Scheibenwischer und wollte offenbar wieder in seinen aufgemotzten Wagen einsteigen.

«Schätzchen, warte bitte mal kurz hier, ich bin gleich wieder da», sagte ich zu Sophia.

Die Antwort hörte ich im Weggehen: «Och, Papa, ruf bitte deine Kollegen an, ich will nach Hause.»

Tja, so ist das, wenn der Vater Polizist ist.

Als ich auf den Golf zuging, machte der Fahrer schon seinen Motor an. Ich klopfte aufs Autodach und stellte mich hinter den Wagen.

Der Fahrer ließ die Scheibe herunter und rief: «Was gibt's? Ist das Ihr Auto?»

Ich antwortete freundlich: «Nein, mein Name ist Heim, Polizei Bochum. Wollten Sie gerade wegfahren? Bitte stellen Sie mal den Motor ab und steigen Sie aus», sagte ich ruhig.

Der Mann stöhnte laut auf. «Och nee, auch das noch», meinte er genervt. Doch er machte tatsächlich den Motor aus und öffnete die Fahrertür, um auszusteigen. «Ich habe dem anderen einen Zettel hinter den Wischer geklemmt, das haben Sie wahrscheinlich nicht gesehen. Ich wollte nicht abhauen, ehrlich. Ich wollte auch gerade die Polizei rufen. Aber ich hab nach dem Mist jetzt keinen Bock mehr auf den vollen Supermarkt, das verstehen Sie doch, oder?», redete er ohne Punkt und Komma los.

«Was ich verstehe, ist erst mal nicht so wichtig. Wichtig ist, dass Sie Unfallflucht begehen, wenn Sie jetzt wegfahren.»

Der junge Mann starrte mich völlig entgeistert an. «Ich habe meine Adresse hinterlassen, das ist doch bloß ein kleiner Parkrempler. Warten Sie, ich hole den Zettel, da können Sie sich überzeugen. Es steht alles Wichtige drauf», erklärte er.

Der Golf-Fahrer holte das abgerissene Stück Papier und hielt es mir vor die Nase. Darauf standen tatsächlich ein Name und eine Adresse – jedoch noch nicht mal eine Telefonnummer. Von dem Unfall war auch keine Rede.

«Was wäre, wenn jemand den Zettel wegnimmt oder der Wind ihn einfach wegweht? Woraus soll das Unfallopfer überhaupt schließen, was hier passiert ist? Vielleicht parkt jemand anders daneben ein, der Fahrer bemerkt die Beschädigung gar nicht und wirft den Zettel weg, weil er mit der Adresse nichts anfangen kann. So einfach dürfen Sie es sich nicht machen. Im Notfall rufen Sie eben die Polizei an, ein Handy werden Sie ja wohl haben», hielt ich ihm einen Vortrag.

In diesem Moment tauchte der Toyota-Fahrer hinter uns auf. «Was ist denn hier los?», fragte er.

Ich erklärte dem Mann mit Einkaufswagen und Kleinkind kurz und knapp, was passiert war, und gab ihm den Zettel des Golf-Fahrers.

Dankbar lächelte der Mann mich an. «Gut, dass Sie aufgepasst haben. Das ist mir schon mal passiert, und dann stimmten der Name und die Adresse nicht, die auf dem Zettel standen. Am Ende konnte ich achthundert Euro aus eigener Tasche löhnen.»

Der Unfallverursacher zog sofort seine Brieftasche aus der Hose. «Hier ist mein Ausweis, vergleichen Sie bitte die Daten, alles stimmt.»

Das war in der Tat so, trotzdem hätte er nicht einfach wegfahren dürfen.

«So, drei Dinge», sagte ich zu ihm. «Ich bin eigentlich privat hier und belasse es daher bei einer mündlichen Belehrung. Zweitens: Rasen Sie bitte nicht so auf Parkplätzen herum, da laufen auch gerne mal Kinder hin und her, und es kracht oft schneller, als man denkt. Wenn Sie vorsichtiger fahren, passieren solche Sachen beim Einparken auch nicht. Drittens: Versprechen Sie mir, dass Sie zukünftig in solchen Situationen nicht mehr wegfahren, sondern auf den Fahrzeughalter warten oder die Polizei rufen.»

Der Golf-Fahrer versprach es mir hoch und heilig, und ich ging zurück zu meinem Wagen, wo Sophia schon auf der Rückbank saß.

«So, Papa, und jetzt flott nach Hause. Ich habe Hunger auf Spaghetti mit Soße», sagte sie.

Fazit

Bei dem geschilderten Fall handelt es sich um unerlaubtes Entfernen vom Unfallort. Die entsprechende Vorschrift (§142 StGB/§34 StVO) bestraft jeden Autofahrer, der sich vom Unfallort entfernt, ohne dort eine angemessene Zeit (und das sind gewiss nicht zwei Minuten) gewartet zu haben, in der sich der Geschädigte hätte einfinden können. Die angemessene Zeit ergibt sich aus dem Unfall selbst und reicht von etwa zwanzig Minuten bei einem kleinen Blechschaden bis zu mehreren Stunden bei Unfällen mit Verletzten.

Eigentlich ist es ganz einfach: Wenn am Unfallort niemand bereit ist, die Personalien der Unfallbeteiligten festzustellen, sollte man so schnell wie möglich die Polizei rufen. Wir heften eine offizielle Nachricht an den beschädigten Wagen und ermitteln und informieren den Halter. Somit ist alles schriftlich durch uns dokumentiert.

Natürlich prüft die Staatsanwaltschaft bei einer Anzeige genau, ob es sich wirklich um Unfallflucht handelt. In diesem Fall hat der Verursacher den Unfall bemerkt und bewusst gehandelt. Wenn er sich entfernen würde, wäre das eine Straftat.

Übrigens: Am Unfall beteiligt und somit wartepflichtig ist nicht nur der Fahrer. Das kann auch ein Beifahrer sein, der den Fahrer vor dem Unfall abgelenkt hat, oder ein Fußgänger, der durch das Betreten der Fahrbahn den Unfall mit verursacht hat. Und noch etwas ist wichtig: Bei schweren Unfällen sollten auch immer die Zeugen auf uns warten.

Ich hab mir den Überfall bloß ausgedacht, ist doch nicht schlimm.

Es war schwülwarm, obwohl es schon mitten in der Nacht war. Die Uhr im Streifenwagen zeigte kurz vor drei Uhr an.

«Ist eigentlich gar nicht schlimm, dass wir Nachtdienst haben. Bei der Hitze könnte ich sowieso nicht pennen», sagte Toto zu mir.

Ich nickte. «Stimmt, es kommt mir vor, als wäre mein ganzer Körper dauerfeucht vom Schwitzen. Wenn ich gleich nach Hause komme, stelle ich mich erst mal eine Stunde unter die Dusche.»

Toto lachte. «Schwimm bloß nicht weg.»

Im selben Moment ging bei der Einsatzleitstelle des Polizeipräsidiums ein Notruf ein. Ein Mann meldete sich mit per Handy und behauptete, er sei überfallen worden.

«Wie heißen Sie? Wo sind Sie? Und was ist genau passiert?», fragte der Kollege den offensichtlich angetrunkenen Anrufer sofort.

Das Opfer sagte seinen Namen und gab dann an: «Ich stehe hier am Eierberg. Zwei Typen haben mich bedroht und mir mein ganzes Geld geklaut. Fünfhundert Euro waren in meinem Portemonnaie – alles weg. Geraubt von diesen Verbrechern.»

Der Kollege bat den Mann noch um eine Täterbeschreibung, dann sagte er zu dem Überfallenen: «Bleiben Sie bitte dort stehen, ich schicke Ihnen sofort einen Wagen vorbei.»

Dieser Wagen waren natürlich wir.

Über Funk kam die kurze Meldung: «Straßenraub am Puff, das Opfer wartet vor der Roten Laterne. Die Täter sollen zwei Ausländer sein, etwa fünfundzwanzig bis dreißig Jahre alt mit dunkler Kleidung. Haltet bitte schon bei der Anfahrt die Augen offen, ich schicke noch zwei weitere Wagen zur Nahbereichsfahndung.»

«Da haben sie mal wieder einen Besoffenen ausgenommen. Immer das Gleiche», sagte ich zu Toto.

Auf dem Weg zum Eierberg entdeckten wir niemanden, der den beschriebenen Tätern ähnelte.

«Kein Wunder, die werden längst mit dem Auto abgehauen sein», meinte Toto.

Vor der Roten Laterne, angeleuchtet von der Reklame des Table-Dance-Lokals auf der anderen Straßenseite, stand der Anrufer. Die Kneipe befindet sich unmittelbar am Zugang zu der Gasse, in der die käuflichen Frauen in den rotleuchtenden Fenstern sitzen. Das Überfallopfer winkte uns hektisch, als wir mit dem Streifenwagen vorfuhren. Der Mann war ungefähr Mitte dreißig und sah aus wie der klassische Durchschnittsbürger. Er hatte braune Haare und eine randlose Brille, trug Jeans, ein Hemd und wirkte leicht angeschlagen. Aber das waren vermutlich weniger die Folgen des Überfalls, vielmehr hatte da mal wieder der Alkohol seine Wirkung nicht verfehlt. Kein Wunder in so einer schwülen Nacht. Obwohl wir beim Aussteigen die Alkoholfahne rochen, war der Mann noch Herr seiner Sinne.

«Da sind Sie ja endlich. Ich bin überfallen worden», begrüßte er uns.

Toto stellte sich kurz vor. «Sind Sie verletzt, haben die Täter Sie geschlagen oder zu Boden gestoßen?», erkundigte er sich.

«Nein, alles in Ordnung, ich habe mich erst gar nicht gewehrt. Die hatten ein Messer, ich bin doch nicht bescheuert und riskiere mein Leben», lautete die Antwort.

Wir setzten uns mit ihm in unseren Bulli, weil sich schon eine Traube Neugieriger um uns bildete. «Es muss ja nicht jeder gleich mitbekommen, was Ihnen gerade passiert ist», sagte ich zu dem Mann.

Als wir auf der grauen Bank hinten im Wagen saßen, erzählte das Opfer seine Geschichte. «Ich war gemeinsam mit zwei Kumpels aus Gelsenkirchen unterwegs, wir sind extra mit dem Zug gefahren, damit wir alle was trinken können. Erst waren wir zusammen im Bermudadreieck, in mehreren Kneipen. Danach sind wir noch hier rüber.» Er grinste verlegen. «Wir wollten uns nur ein bisschen umsehen und in den Table-Dance-Schuppen, der soll ja ganz gut sein.»

«Habe ich auch schon gehört. Und was ist dann passiert?», ermunterte Toto ihn zum Weiterreden.

«Meine beiden Kumpel wollten unbedingt zuerst in die Straße mit den ganzen Frauen, in die Fenster gucken. Ich hatte dazu keine Lust, außerdem bin ich verheiratet, da macht man so was nicht. Jedenfalls bin ich hier in diese Kneipe», berichtete er und zeigte auf die Rote Laterne. «Dort habe ich zwei Bier getrunken und auf die Jungs gewartet. Als die beiden nicht kamen, habe ich bezahlt und bin wieder raus. Da drinnen war so eine stickige Luft, ich wollte lieber auf der Straße warten.» Er seufzte und fasste sich an den Kopf. «Ja, und dann ist es passiert.»

Toto blickte ungläubig. «Wie, hier mitten auf der Straße? Vor allen Leuten?»

Der Mann schüttelte den Kopf. «Nein, ich musste pinkeln und bin um die Ecke da vorne. Da haben sich dann auf einmal zwei Typen vor mir aufgebaut. Sie haben mir den Weg versperrt, und dann hab ich auf einmal das Messer gesehen. Der Größere von beiden hat es mir gegen den Bauch gedrückt und gesagt: ‹Du geben Geld her, oder es dir gehen schlecht.› Genau so gebrochen hat er geredet. Ich glaube, das waren Albaner. Oder Türken. Vielleicht auch Libanesen.»

Toto hatte währenddessen schon den Strafantrag ausgefüllt. «Hier, den können Sie gleich unterschreiben, Sie wollen die Täter doch sicher anzeigen.»

Das Opfer nickte heftig. «Klar, die müssen Sie kriegen, die Verbrecher!»

Nachdem er unterschrieben hatte, erzählte er weiter. «Ich hab den Räubern mein Portemonnaie sofort gegeben. Die haben dann mein ganzes Geld, mindestens fünfhundert Euro, rausgenommen und sind weggerannt. Mein Portemonnaie haben sie mir aber zurückgegeben.»

Toto guckte mich entgeistert an. «Die haben Ihnen die Geldbörse zurückgegeben?», fragte er den Mann. «Das habe ich noch nie erlebt.»

«Na ja, nicht direkt zurückgegeben, die haben es im Weglaufen auf die Straße geworfen, ich hab es dann aufgehoben», sagte der Überfallene schnell.

Toto guckte immer irritierter: «Dann geben Sie uns mal Ihren Geldbeutel, da sind schließlich die Fingerabdrücke von den Tätern drauf.»

«Die hatten Handschuhe an», kam sofort die Antwort.

Toto stand auf und sagte zu mir: «Komm, wir müssen mal eben reden.»

Wir stiegen aus dem Bulli aus und schlossen die Schiebetür. «Ich weiß, was du denkst», war mein erster Satz.

Toto holte tief Luft. «Da stimmt doch was nicht, die haben dem nie im Leben die Geldbörse zurückgegeben, da sind immerhin Scheckkarten drin. Der soll mir jetzt erst mal zeigen, wo er überhaupt pinkeln war. Was der Mann beschreibt, kann unmöglich sein. Hier stehen überall Taxen, die Fahrer hätten sicher was gesehen. Da überfällt kein Täter sein Opfer, vor so vielen Zeugen.»

«Pass auf, ich kläre ab, ob der Mann überhaupt in der Roten Laterne war, und du lässt dir den Ort des Überfalls zeigen», antwortete ich.

Wir stiegen wieder in den Bulli ein. Toto nahm das angebliche Opfer mit, und ich ging die Treppenstufen zur Roten Laterne hoch. In der Kneipe saßen zwei betrunkene Männer am Tresen. Dahinter stand eine leichtbekleidete, langhaarige Blondine und zapfte gerade zwei frische Bier.

Sofort musterte sie mich fragend. «Hallo, Herr Wachtmeister. Was habe ich denn verbrochen? Wollen Sie mir sofort Handschellen anlegen, oder darf ich vorher noch meinen Anwalt anrufen?»

Die beiden Betrunkenen lachten lauthals über den platten Witz.

«Keine Sorge, ich will Sie nicht festnehmen. Ich brauche nur mal kurz Ihre Hilfe. Ein Mann gibt an, eben bei Ihnen zwei Bier getrunken zu haben. Bestätigen Sie doch bitte mal, dass die Aussage stimmt – oder nicht. Der Herr steht da unten auf dem Gehweg.»

Die Blondine mit dem pinkfarbenen Trägertop stellte die Biergläser ab und meinte leicht ironisch: «Da helfe ich doch gerne.»

Sie stolzierte auf ihren Stöckelschuhen hinter dem Tresen hervor. Jetzt erst sah ich, dass sie einen Jeansrock trug, der mindestens fünf Zentimeter zu kurz war, denn ihre Beine waren nicht mehr die knackigsten.

An der Kneipentür zeigte ich auf unser Opfer. «Der da unten, kennen Sie den?»

«Der war nicht bei mir drin», sagte die Blondine sofort. Mit einem dreckigen Lachen fügte sie hinzu: «Also, nicht in der Kneipe, nur damit sie mich nicht falsch verstehen, ich bin nicht so eine.»

«Das hätte ich auch nie gedacht. Vielen Dank für Ihre Hilfe.»

Damit stöckelte die seriöse Dame wieder zurück in die Rote Laterne, und ich stieg die Stufen runter zur Straße. Ich hörte gerade noch, wie Toto sagte: «Sie müssen doch wissen, wo Sie überfallen worden sind. Und dass da vorhin kein einziges Taxi stand, ist unmöglich. Wir können gerne bei der Taxizentrale nachfragen.»

«Ich bin hier das Opfer, was soll das alles? Mein Geld ist weg, der Rest ist doch egal», stammelte der Mann verlegen. Plötzlich guckte unser Problemfall mit großen Augen an mir vorbei und drehte sich blitzschnell um. Aber zu spät.

«Hey, alte Säge, was hast du denn verbrochen? War die Alte nicht gut, oder hast du sie bewusstlos gepfeffert?», fragte einer der beiden Männer, die zielstrebig auf uns zukamen.

«Wer sind Sie? Kennen Sie den Herrn?», fragte Toto sofort.

Die beiden lachten. «Und ob wir den kennen, dass ist unser Kumpel Mike. Was ist denn passiert?»

Unser Opfer wurde kreideweiß. «Äh, ich bin überfallen worden.» Die Jungs lachten erneut. «Klar, von der rattenscharfen Rothaarigen, die du dir eben gegönnt hast. Da wäre ich auch mal gerne Opfer.»

Mike konnte nur noch hörbar ausatmen und dann sichtlich in sich zusammensacken. «Alles klar, ich sehe es ja ein, war 'ne echte Scheißidee, ich ziehe die Anzeige zurück. Ich hab mir den Überfall bloß ausgedacht. Ist doch nicht so schlimm, es ist ja kein Schaden entstanden.»

Ich blickte Mike ernst an. «So einfach ist das nicht», sagte ich. «Sie haben eine schwerwiegende Straftat angezeigt. Also, was ist denn jetzt wirklich passiert?», fragte ich.

Daraufhin erzählte der Mann aus Gelsenkirchen die wahre Geschichte des Abends. «Ich habe eine Wette verloren und muss die beiden heute den ganzen Abend aushalten. In den Kneipen ging das ja noch, aber hier im Puff wurde es langsam echt teuer. Als wir oben in Haus Nummer sechsundzwanzig bei den Frauen im Zimmer waren, da war die Kohle auf einmal weg. Ich habe gar nicht gemerkt, dass wir schon so viel ausgegeben hatten. Wie soll ich das bloß meiner Frau erklären? Die zieht mich auf links. Ich muss ihr nächste Woche ein Geburtstagsgeschenk kaufen.»

Unser Mitleid hielt sich in Grenzen. «Das hätten Sie sich vorher überlegen müssen. Aber einen schweren Raub vorzutäuschen, da verstehen wir keinen Spaß. Das hat Konsequenzen für Sie.»

Die Freunde versuchten zu vermitteln. «Ach, lassen Sie Mike gehen, der hat wirklich 'ne schlimme Alte zu Hause. Ist doch nichts passiert, keiner festgenommen, keiner verletzt, Schwamm drüber.»

«Wir haben mit drei Streifenwagen gefahndet. Und wenn Sie nicht zufällig dazugekommen wären, würde uns Ihr feiner Freund immer noch von dem schlimmen Überfall erzählen. Nein, der Zug ist abgefahren, das gibt eine Anzeige wegen Vortäuschen einer Straftat», sagte Toto streng.

Ich stieg in den Bulli und zog die Fahndung nach den ausländischen Männern zurück. So konnten sich wenigstens die beiden anderen Wagen wieder um wichtige Dinge kümmern. Wir mussten uns weiter dem dreisten Puffgänger widmen und nahmen seine Personalien auf. Mike stand völlig geknickt auf dem Gehweg, seine Kumpel trösteten ihn.

«Komm, wir legen jeder einen Hunderter dazu, das war so ein geiler Abend, das wird schon wieder. Deine Frau erfährt davon nichts, ehrlich. Wir sind schließlich Freunde.»

Toto klopfte dem Ertappten auf die Schulter. «Na, wenigstens haben Sie hier zwei echte Freunde, trotzdem werden Sie Post von uns und der Staatsanwaltschaft bekommen. Das ist nun mal eine Straftat. Jetzt fahren Sie mal lieber zurück nach Gelsenkirchen.»

Das Trio ging langsam Richtung Hauptbahnhof. Ich musste grinsen. Das Geld fürs Taxi sparen sie sich jetzt wohl lieber, dachte ich. Tja, wenn man zwei Kumpel aushalten muss, sollte man den Bereich am Eierberg meiden. Das kann bekanntlich sehr teuer werden. Wir stiegen in den Bulli und fuhren durch die schwüle Nacht zur Wache.

Fazit

Das Vortäuschen einer Straftat gegenüber der Polizei oder Staatsanwaltschaft ist selbst eine Straftat. Im Gesetz heißt es dazu: «Wer wider besseres Wissen einer Behörde oder einer zur Entgegennahme von Anzeigen zuständigen Stelle vortäuscht, dass eine rechtswidrige Tat begangen worden sei, wird mit Freiheitsstrafe bis zu drei Jahren oder mit Geldstrafe bestraft.»

Diese Rechtsnorm nach dem Strafgesetzbuch zieht bei Verstößen wie im beschriebenen Fall eine Strafanzeige und unter Umständen eine empfindlich hohe Strafe durch einen Richter nach sich. Mike aus Gelsenkirchen bekam übrigens nur eine Geldstrafe. Den teuren Abend wird er wohl trotzdem nie vergessen.

**Die Polizei darf mich nur einsperren,
wenn ich eine Straftat begangen habe.**

Es war nachts um zwei Uhr, und wir machten eine Art Mittags-pause. Wenn man abends um zehn mit dem Dienst anfängt und morgens um sechs erst Feierabend hat, dann knurrt einem nachts eben auch mal der Magen. Harry und ich standen bei unserer Lieblings-Dönerbude und aßen gerade eine Sucuktasche. Dabei guckten wir durch die mit Werbung beklebte Schaufensterscheibe auf die Straße.

«Manchmal ist das komisch im Nachtdienst. Es ist einfach nichts los, und die Zeit geht dann gar nicht rum. Dann wieder gibt es Nächte, in denen kann man noch nicht einmal in Ruhe aufs Klo gehen. Aber heute scheint es zum Glück ruhig zu sein», philosophierte Harry.

Keine Minute später, ich biss gerade herzhaft in mein Essen, knackte unser Handfunkgerät. «Irma elf-fünfunddreißig?»

Ich grinste Harry an. «Das hättest du mal besser nicht gesagt.»

Dann ertönte wieder die Stimme unseres Funkers. «Toto, Harry, fahrt mal zur Junggesellenstraße, dort torkelt ein Mann völlig blau über die Straße. Er ist schon ein paarmal ins Gebüsch gefallen. Ein Autofahrer hat das gemeldet.»

Ich bestätigte kurz den Einsatz, während Harry sich die letzten Bissen in den Mund steckte.

«Dann wollen wir mal los, damit es dir heute Nacht auch nicht langweilig wird», sagte ich, knuffte Harry in die Seite und ging schon mal vor zum Streifenwagen.

Da unsere Imbissbude am Westring liegt, waren wir schnell am Einsatzort. Von weitem sahen wir den Mann dann auch schon am Rande des Bürgersteigs. Michi, wie wir später erfuhren, kam gerade mit der Nase voran aus dem Gebüsch gekrochen. Augenscheinlich war er total betrunken und hatte sich schon mehrfach ordentlich langgemacht. Danach sah jedenfalls seine völlig verdreckte Hose aus. Leider stellten wir bei genauerem Hinsehen auch fest, dass sich der junge Mann offensichtlich ordentlich übergeben hatte.

Harry hatte den Rest seiner Sucuktasche zum Glück schon runtergeschluckt, ihm wird bei solchen Dingen nämlich deutlich schneller schlecht als mir.

Da stolperte Michi erneut kopfüber ins Gebüsch und fiel mit einem tiefen Seufzer hin. Ich hörte es genau, weil ich bereits die Beifahrertür geöffnet hatte. Zielstrebig ging ich auf den betrunkenen Kandidaten zu und half ihm hoch.

«Na, mein Freund. Ein bisschen viel genascht heute Abend? Wenn man es nicht verträgt, sollte man es lassen, das müsstest du doch schon wissen.»

Statt einer Antwort kam ein Rülpser, zum Glück diesmal ohne feste Zugabe. Dann stammelte der dünne Typ: «Wo kommt ihr zwei denn her? Ich habe nichts gemacht, ehrlich, ich will nur nach Hause.»

Harry, der mittlerweile neben mir stand, meinte nur: «Das ist grundsätzlich eine gute Idee. Aber weißt du überhaupt noch, wie du dahin kommst? Oder mal anders gefragt: Weißt du, wo du wohnst?»

«Klar, ich muss nach Dortmund, und da geh ich jetzt auch hin», lallte er.

Drei Schritte kam er Dortmund näher, dann lag er wieder auf der Nase.

Wir mussten beide wider Willen lachen. «Hey, merkst du denn nicht, dass das nichts mehr wird? Deine Beine gehorchen dir ganz offensichtlich nicht, nachher tust du dir noch richtig weh oder läufst vor ein Auto. Du kommst jetzt besser mit zu uns und schläfst deinen Rausch aus», schlug ich ihm vor.

Doch Michi hörte nicht zu, holte ein dreckiges Taschentuch aus der Hose und versuchte, sich die Nase zu putzen. Als es nicht klappte, warf er die Rotzfahne einfach ins Gebüsch.

«Na, na, mein Freund, so nicht», rief Harry. «Heb das Taschentuch wieder auf und wirf es hier vorne in den Mülleimer. Bloß weil du zu viel getrunken hast, musst du nicht die ganze Umwelt verschandeln. Was meinst du, wie es hier aussehen würde, wenn alle Besoffenen einfach ihren Müll in die Landschaft werfen würden?»

Dann passierte, was passieren musste: Der junge Mann verlor beim Versuch, das Taschentuch wieder aufzuheben, erneut das Gleichgewicht und flog zum x-ten Mal hin. Wir hatten genug von dem Schauspiel, nahmen ihn zwischen uns, zogen ihn auf den Bordstein und setzten ihn hin.

«So, wo hast du denn deinen Ausweis?», fragte Harry und suchte seine Taschen ab.

«Hey, Herr Wachtmeister, nicht anfassen», lallte der sturzbetrunkene Mike. «Ich will doch nur zum Bahnhof, von da komm ich schon nach Hause. Ich hab ein Schokoticket, damit fahre ich dann nach Hause, nach Lütgendortmund.»

«Ja, natürlich machst du das, aber morgen früh, wenn du wieder nüchtern bist, mein Freund», erklärte ihm Harry, suchte weiter nach dem Ausweis und holte ihn schließlich aus der Jeansjacke.

«Du bist doch völlig orientierungslos und weißt noch nicht einmal, wo der Bahnhof ist», erklärte ich dem jungen Mann.

Harry zog dem Burschen die Baseballkappe hoch und verglich das Foto im Ausweis mit seinem Gesicht. «Also, Michi, du kommst so nicht mehr nach Hause, du wirst entweder überfahren oder überfallen oder fällst irgendwo rein. Und jetzt Ende der Diskussion, du fährst mit zur Wache. Aus und Schluss.»

Hilflose Personen sperren wir zum Eigenschutz ein, immerhin besteht die Möglichkeit der Eigen- und Fremdgefährdung. Für das Krankenhaus war Michi kein Patient, da er nur alkoholisiert und nicht verletzt war und nach ein paar Stunden Schlaf sicher wieder halbwegs nüchtern, wenn auch mit dickem Schädel, nach Hause fahren konnte.

«So, Michi, steig schon mal in den Wagen, wir fahren jetzt mit dir zum Polizeipräsidium, dort kannst du deinen Rausch ausschlafen. Oder du gibst uns eine Telefonnummer, damit wir deine Eltern oder andere Angehörige benachrichtigen können. Die können dich dann bei uns abholen, wenn du willst. Aber du bist erwachsen, das kannst du selbst entscheiden.»

Das mit der Entscheidung war allerdings schwierig, weil Michis umnebelter Verstand für neuen Ärger sorgte.

«Ich fahr nicht mit aufs Revier, ich hab schließlich nichts gemacht. Ich bin kein Verbrecher. Und ruft bloß nicht meine Eltern an, die sind auf Kegeltour und nicht zu Hause. Die kriegen die Krise, wenn ein Spruch von euch auf dem Anrufbeantworter ist.»

Weil ich merkte, dass man ihn sanft, aber bestimmt überzeugen musste, zog ich ihn leicht auf die Rückbank des Bullis. Sofort sprang er auf, stieß sich den Kopf am Dach, schrie laut «Aua!» und sackte zurück auf die Bank.

«Siehste, lieber auf den Schutzmann hören, dann passiert auch nichts. Kleine Sünden bestraft der liebe Gott nun mal sofort.» Mit diesen Worten drückte ich ihn erneut sanft in den Gurt und setzte mich neben ihn.

Er hatte jetzt trotz umnebelten Kopfes langsam kapiert, dass ihm alles Lamentieren nichts half. Nach fünf Minuten Fahrt kamen wir am Polizeipräsidium an und fuhren direkt durch das Hoftor vor den Eingang des Polizeigewahrsams.

Beim Reingehen fing Michi dann doch nochmal an zu meckern. «Ich bin kein Verbrecher. Mich Unschuldigen einfach in den Knast zu sperren.»

Harry fasste ihn kameradschaftlich am Arm. «Du kommst doch nicht ins Gefängnis, wir passen bloß ein bisschen auf dich auf.»

An der Empfangstheke durchsuchten die Gewahrsamsbeamten Michi nochmal und stellten seine persönlichen Sachen wie Portemonnaie, Handy und Schokoticket sicher. Außerdem müssen Betrunkene und Verdächtige stets auch Gürtel und Schnürsenkel abgeben, damit sie sich im Suff oder in Panik vor der drohenden Strafe nichts antun können. Das wird alles aufgeschrieben und von mindestens zwei Beamten quittiert.

Bei der Durchsuchung fing der junge Betrunkene wieder mit der Meckerei an. «Pack mich nicht am Hintern dran. Ich zeig euch alle an, dass ist ein Verstoß gegen die Genfer Konvention.»

Der Kollege grinste. «Ich wusste gar nicht, dass wir Krieg haben. Und jetzt halt mal still, sonst werden wir hier nie fertig, und du kannst nicht schlafen gehen.»

Sofort fing Michi wieder an. «Ich will gar nicht schlafen, ich will nach Hause.»

Als er vor der Zelle auch noch die Schuhe ausziehen musste, wollte er auf einmal auf allen vieren wegkrabbeln, aber das nützte nichts. Wir hielten ihn lachend fest und zogen ihn in die Zelle auf die Pritsche. Keine zwei Minuten später war er tief und fest eingeschlafen. Morgens konnte Michi sich dann übrigens an nichts mehr erinnern, aber immerhin entschuldigte er sich für die Aktion überschwänglich. Er war sichtlich froh, dass er sein Geld (über zweihundert Euro) und seine anderen Sachen noch bei sich hatte und nicht beklaut worden war.

Eine letzte Frage hatte er vor dem Verlassen des Polizeigewahrsams dann doch noch: «Sie rufen meine Eltern aber nicht an? Oder schicken mir eine Anzeige nach Hause? Ich habe nämlich wirklich nichts gemacht. Nur viel zu viel getrunken.»

Die Kollegen im Gewahrsam konnten ihn beruhigen, und zahlen musste er für das ungewöhnliche Nachtquartier auch nichts. «Das geht auf Staatskosten. Dafür tu uns bitte einen Gefallen: Mach das nicht wieder, das kann auch anders ausgehen. Und zahl später artig deine Steuern, damit wir uns weiter um solche Strategen wie dich kümmern können», rief ihm unser Kollege hinterher.

Da konnte Michi im Rausgehen schon wieder lächeln.

Fazit

Auch wenn man keine Straftaten begeht, kann man zum Schutz seiner Person in Polizeigewahrsam genommen werden. Wir sind als Polizeibeamte nach dem Polizeigesetz dazu verpflichtet, all jene Personen, die sich in einer sogenannten willensausschließenden Lage befinden, für einen begrenzten Zeitraum in die Gewahrsamszelle zu nehmen. Immerhin könnten sie sich selbst gefährden, indem sie vor ein Auto laufen oder irgendwo herunterfallen. Oder sie könnten andere gefährden, indem sie auf die Straße laufen und ein Autofahrer beim Ausweichen verunglückt.

Da der junge Mann nur «normal» angetrunken war und nicht die Gefahr einer Alkoholvergiftung bestand, war er kein Fall für das Krankenhaus. Auch dort gibt es nämlich Ausnüchterungsräume für die ganz harten Fälle. In der Zelle müssen unsere Kollegen alle paar Minuten nach dem Eingesperrten schauen. Meist geschieht das mit Hilfe von Überwachungsmonitoren.

Wenn die Person einigermaßen ausgenüchtert ist und wieder alle Sinne beisammenhat, kann sie den Polizeigewahrsam verlassen. Am besten ist es, wenn wir einen Angehörigen benachrichtigen können, der die Person abholt und sich um sie kümmert.

Ich habe den Nachbarn Bescheid gesagt, da darf's doch mal ein bisschen lauter werden.

Ich kann mich noch zu gut an einen Einsatz in einer sehr warmen und lauen Sommernacht am Wochenende erinnern. Wir hatten an dem Abend extrem viele Einsätze, und wie es in schönen Sommernächten meistens ist, handelte es sich in erster Linie um Ruhestörungen. Nach Mitternacht schickte der Kollege uns dann ausgerechnet zur Laubenkolonie «Friedlicher Nachbar» nach Bochum-Goldhamme. Ein Anwohner fand seit Stunden keinen Schlaf, da immer wieder laute Musik und wildes Geschrei aus dem Schrebergarten bis in sein Schlafzimmer dröhnten.

Als wir am Einsatzort eintrafen, war es eigentlich ganz ruhig, und wir hörten nur ein paar murmelnde Stimmen. Als Erstes gingen wir zu dem geplagten Anrufer, der sofort den Türöffner drückte und in T-Shirt und kurzen Hosen die Treppe herunterkam.

«Tut mir leid, dass ich Ihnen jetzt Arbeit mache, aber auch meine Kinder finden keine Ruhe. Die müssen jetzt langsam mal schlafen, es ist ja gleich ein Uhr», begrüßte er uns.

Ich hasse solche Einsätze. Denn bei einer Ruhestörung aus einem Schrebergarten muss man erfahrungsgemäß erst einmal minutenlang suchen und horchen, bis man die Verursacher ausgemacht hat.

So auch in diesem Fall. Als wir uns auf die Jagd nach der Ursache der nächtlichen Störung machten, war es relativ ruhig. Kurz darauf hörten wir am Eingang zum Schrebergarten das laute Gejohle, und dann schepperte ein CD-Player los. «Let me entertain you», war Robbie Williams zu vernehmen. Mehrere offensichtlich angetrunkene Damen stimmten lauthals in das Lied ein. Bei dem Lärm würde ich auch nicht schlafen, dachte ich. Ich konnte den Mann gut verstehen. Gerade mit kleinen Kindern kann eine schlaflose Nacht zur Qual werden, und der nächste Tag ist dann auch noch im Eimer.

Trotzdem dauerte es noch einige Minuten, bis wir den entsprechenden Garten gefunden hatten. Bunte Lampions hingen in den Kletterrosen am Eingangstor zur Parzelle siebzehn. Vor der Gartenlaube entdeckten wir eine Gruppe von etwa zwanzig jungen Frauen, die sich im Schein von mehreren Fackeln kreisförmig formiert hatten und dabei lauthals johlten und allesamt riefen: «Mehr, mehr, mehr!»

«O nein, alles Frauen, das wird anstrengend», sagte Toto zu mir.

Aus Erfahrung wissen wir, dass Frauen unter Alkoholeinfluss häufig verrückter sind als Männer. Und oftmals auch lauter.

Kopfschüttelnd näherten wir uns der Szenerie und mussten beide zugegebenermaßen schmunzeln, als wir entdeckten, was sich da inmitten des Frauenkreises verbarg und warum das «Mehr, mehr» immer lauter wurde: Im flackernden Schein der Fackeln stand ein vermeintlicher Kollege. Wir waren gerade noch recht-zeitig eingetroffen, der Mann trug bloß noch Mütze und Krawatte und war lediglich mit einem grünen Stringtanga bekleidet, auf dem in weißen Lettern das Wort «Bulle» stand.

Wir waren mitten in einen Junggesellinnenabschied für eine werdende Ehefrau und ihre Freundinnen hineingeplatzt. Die Braut hatte mittlerweile auf dem Schoß des zugegebenermaßen gutgebauten Kollegen Platz genommen. Es wurde Zeit, dem laut-starken Treiben des professionellen Strippers endlich Einhalt zu gebieten.

Mit einem freundlichen «Guten Morgen, die Damen, hier ist die echte Polizei!» gaben wir uns zu erkennen.

Ja, und was dann geschah, hatten wir befürchtet. Das Johlen wurde noch lauter, und einige der bereits stark alkoholisierten Damen gingen offensichtlich davon aus, dass es sich bei unserem Erscheinen um einen weiteren Programmpunkt handelte. Sie um-ringten uns sofort und johlten «Ausziehen, ausziehen!» im Chor. Wir hatten einige Mühe, die entzückte Menge davon zu überzeu-gen, dass wir nicht zu den American Dream Boys, sondern viel-mehr zur Polizei Bochum gehörten.

Nachdem sich die Enttäuschung darüber einigermaßen gelegt hatte und der Stripper wieder halbwegs angezogen war, eröffne-ten wir der Gastgeberin den Grund unseres Einschreitens. Sie ent-gegnete, dass sie die Feier in der ganzen Nachbarschaft angekün-digt und um Verständnis dafür gebeten habe, wenn es etwas lauter werden würde.

«Man heiratet nur einmal im Leben. Das ist ganz sicher das letzte Mal, dass ich so einem heißen, halbnackten Kerl auf dem Schoß sitze. Bitte lassen Sie uns weitermachen. Sie können doch auch mal ein Auge zudrücken. Oder noch besser: Feiern Sie ein-fach mit, das wird bestimmt lustig», schlug sie vor.

Das glaubten wir nur zu gerne. Aber leider konnten wir kein

Auge zudrücken und ermahnten die lustige Damenrunde zur Ruhe. Ferner wiesen wir darauf hin, dass ein Zuwiderhandeln unser wiederholtes Erscheinen und damit das Ende der Party nach sich ziehen würde.

«Dann müssten wir eine Anzeige gegen euch schreiben, und das wollen wir natürlich nicht. Also, feiert bitte ein bisschen leiser weiter. Hier ist ja das Gucken wichtiger als das Kreischen», machte ich einen Vorschlag zur Güte.

Die Damenrunde versprach uns hoch und heilig, die Musik leiser zu stellen und nicht mehr zu johlen. Glücklicherweise hielten sie sich auch daran, und wir mussten in der Nacht nicht noch einmal die Schrebergartenkolonie aufsuchen. Ob der Stripper somit früher Feierabend hatte oder nochmal in der Gartenlaube ranmusste, konnten wir nicht herausfinden.

Nur zwei Tage später erfuhren wir dafür aber, dass sich Menschen nicht nur nachts vom Lärm gestört fühlen. Mittags gegen Viertel nach zwölf kam der Funkspruch von der Leitstelle.

«Toto, Harry. Da hat eine Frau angerufen, der sie angeblich gerade die Bude abreißen. Im Hintergrund war es wirklich sehr laut. Fahrt doch bitte mal hin.»

Wir machten uns also auf den Weg in die Innenstadt, und Toto überlegte laut: «Wer weiß, was da wieder los ist. Was soll das heißen, die reißen der die Bude ab?»

Ich zuckte mit den Schultern, weil ich mir auch keinen Reim darauf machen konnte.

Als wir bei der angegebenen Adresse eintrafen, erkannten wir schnell den Grund für die Lärmbelästigung. Vor dem Haus stand ein Arbeiter der Stadtwerke und zertrümmerte mit seinem Presslufthammer die Asphaltdecke. Toto gab ihm ein Zeichen, mal kurz aufzuhören.

«Uns hat eine Bewohnerin des Hauses hier angerufen. Gibt es da Probleme, habt ihr da was aufgestemmt? Die Frau meinte, ihr

Haus würde eingerissen», fragte er den Mann in Warnweste und mit Bauhelm.

Der Arbeiter schüttelte den Kopf. «Nein, in dem Haus ist nichts. Wir müssen hier eine Wasserleitung unter der Straße reparieren.»

Wir bedankten uns und klingelten bei der aufgebrachten Anruferin. Just in diesem Moment ging der Presslufthammer wieder los, und wir verstanden in der Gegensprechanlage kaum ein Wort. Die Frau verstand uns aber wohl und öffnete. Im zweiten Stock erwartete uns die Dreißigjährige bereits vor der Wohnungstür. Sie war gut gekleidet, geschminkt und ziemlich attraktiv.

«Guten Tag, Sie haben ja schon gehört, was hier los ist. Stoppen Sie den Mann da unten, sonst dreh ich durch.»

«Ist es der Krach, der Sie stört, oder ist schon was kaputtgegangen?», fragte ich.

Die Frau sah uns empört an. «Kaputt? Meine Nerven sind kaputt. Meine beiden Kinder sollen seit einer Stunde Mittagsschlaf machen. Aber da ist nicht dran zu denken. Die von den Stadtwerken müssen sich doch auch an die Mittagsruhe halten.»

Hinter der Frau erschien ein kleiner Junge in der Tür. Er weinte und hielt seinen Teddy im Arm. Als er uns sah, machte er große Augen, hörte auf zu schluchzen und fragte seine Mama: «Sind das echte Polizisten?»

Sofort ergriff ich die Chance. «Na klar. Wir passen auf, dass du gut schlafen kannst», sagte ich.

Sofort ergriff die Mutter wieder das Wort. «Dann stoppen Sie den Mann auf der Straße gefälligst.»

Toto lächelte die Mutter an. «Das würden wir ja gerne, aber das geht leider nicht. Erstens muss er ein kaputtes Versorgungsrohr reparieren, und zweitens: Die Mittagsruhe gibt es so gar nicht. Höchstens in der Hausordnung.»

Die Frau sah uns ungläubig an. «Wie, die gibt es gar nicht? Das höre ich zum ersten Mal. Aber selbst wenn. Wie soll ich meine Kleinen bei dem Lärm zum Schlafen bringen?»

Jetzt hörten wir auch das zweite Kind weinen. Dem Klang des Schluchzens nach zu urteilen, war es noch ein Baby. Ich erklärte der Frau erneut, dass es eine gesetzlich geregelte Mittagsruhe nicht gibt.

«Der Arbeiter ist bestimmt gleich fertig, das Loch ist schon ziemlich groß. Grundsätzlich sollte man zu jeder Tageszeit unnötigen Lärm vermeiden, aber was soll der arme Mann machen? Er muss ja in den Boden.»

Die junge Mutter nahm ihren Sohn auf den Arm, ich wuschelte ihm durch die Haare, und der Kleine lächelte dankbar. Wir verabschiedeten uns und gingen wieder runter auf die Straße. Dort stellte der Arbeiter gerade den Presslufthammer ab, und wir nickten ihm zu.

«Na, dann wollen wir mal hoffen, dass er wirklich fertig ist. So hat die verzweifelte Mutter wenigstens das Gefühl, wir hätten ihr irgendwie geholfen», meinte Toto.

Ich lachte, und wir stiegen ins Auto. Als die Tür zufiel, ratterte es erneut hinter uns los.

«Na, diesmal waren wir wohl kein großer Freund und Helfer», meinte Toto frustriert.

Fazit

Laut OWiG (Gesetz über Ordnungswidrigkeiten) handelt jemand ordnungswidrig, der ohne berechtigten Anlass, in einem unzulässigen oder nach den Umständen vermeidbaren Ausmaß Lärm erzeugt, durch den sich ein anderer erheblich belästigt fühlt. Im schlimmsten Fall wird durch den Krach sogar die Gesundheit eines anderen geschädigt.

Dies ist nicht unbedingt tageszeitabhängig. Die einzelnen Bundesländer haben eigene immissionsschutzrechtliche Bestimmungen, in denen sich spezielle Regelungen finden, wie zum Beispiel der «Schutz der Nachtruhe» von 22.00 bis 06.00 Uhr. Gerade nach Einbruch der Dunkelheit wird besonders auf das Einhalten der Ruhe geachtet.

Die Stadt Bochum kann Ausnahmen von dieser Regelung erteilen, die dann schriftlich bestätigt werden, sofern der Veranstalter sie bei der Ordnungsbehörde beantragt hat. Auf Verlangen müssen diese Dokumente der Polizei vorgelegt werden.

Eine gesetzliche Regelung zur sogenannten Mittagsruhe gibt es dagegen nicht. Es ist ein Irrglaube, davon auszugehen, dass die Zeit zwischen 12.00 und 15.00 Uhr besonders geschützt ist und dass in diesem Zeitraum kein Lärm verursacht werden darf. Die einzige Möglichkeit, eine Mittagsruhe mehr oder minder verbindlich zu regeln, ist eine Hausordnung. Diese ist jedoch nur dann gültig, wenn sie verbindlich als Anhang einem Mietvertrag beigefügt ist und nicht vom Eigentümer oder einem Verwalter nachträglich aufgesetzt wurde.

Juristisch ist es grundsätzlich so, dass ein jeder alles zu unterlassen hat, was das Ruhebedürfnis seiner Mitmenschen stört, und das zu jeder Tages- und Nachtzeit.

Spannen wird streng bestraft!

Wie so oft im Nachtdienst holten wir uns kurz vor Mitternacht noch etwas Warmes zum Essen. Bei mir war es eine Currywurst, bei Toto ein Gyrosteller. Eigentlich ist das ja total ungesund, aber was soll's. Da zu später Stunde so gut wie alles geschlossen hat, speisen wir im Nachtdienst gerne «zeitig». Wir ließen uns die Sachen einpacken und wollten in Ruhe auf der Wache essen. Doch kaum saßen wir im Streifenwagen, knackte mal wieder das Funkgerät.

«Irma elf-fünfunddreißig, ich hab da einen mysteriösen Einsatz an der Uni. Dort läuft ein Nackter durch die Gärten, und eine Frau hat wegen eines Spanners den Notruf gewählt. Wahrscheinlich ist das der nackte Typ, ich schick euch mal lieber Unterstützung.»

«Na, Mahlzeit! Gyros kalt ist zum Glück auch lecker», meinte Toto nur.

Wir fuhren durch die leeren Straßen Richtung Universität. Es war eine laue Märznacht, und als wir nach kurzer Zeit an der angegebenen Straße ankamen, sahen wir den nackten Mann auf dem Gehweg. Er ging in Allerseelenruhe zu dem Haus, aus dem die aufgebrachte Frau angerufen hatte.

«Mann, der ist ja dreist, aber dann haben wir ihn wenigstens direkt», rief Toto.

Ich stoppte den Wagen neben dem Mann im Adamskostüm, und Toto sprach ihn an: «Bleiben Sie bitte mal stehen, was machen Sie denn hier?»

Wir rechneten beide mit einem Fluchtversuch oder einer dummen Ausrede, aber der Mann lächelte uns dankbar an und erwiderte allen Ernstes: «Mensch, da sind Sie ja. Jetzt hab ich den Typen glatt aus den Augen verloren.»

Wir beide verstanden die Welt nicht mehr. «Wie, Sie haben wen aus den Augen verloren? Haben die Leute die Gardinen zugezogen, oder was meinen Sie? Sie haben doch hier gespannt, oder?»

Der Mann lachte laut auf. «Ich? Von wegen, ich bin das Opfer und dem Typen sofort durchs Fenster hinterher. Deshalb habe ich auch nichts an. Meine Frau hat Sie angerufen. Ich wohne hier.» Er zeigte auf die angegebene Adresse.

Wir waren immer noch misstrauisch, aber da öffnete sich auch schon die Haustür, und seine Frau stand im Bademantel im Flur. «Schatz, Gott sei Dank, da bist du ja, ich habe mir solche Sorgen gemacht. Rennst diesem Typen einfach hinterher, der hätte ein Messer haben können», sagte sie besorgt.

Ich gab der Frau recht. «Beim nächsten Mal lassen Sie das wirklich besser, man weiß nie, wie ein in die Enge getriebener Täter reagiert. Das ist es wirklich nicht wert, viel ist ja zum Glück nicht passiert.»

Das sah die Frau im Bademantel anders. «Nicht viel passiert, ich habe den Schreck meines Lebens bekommen. Auch wenn ich gern oben ohne am Strand liege, in meinem Bett muss mich keiner beobachten.»

Wir gingen ins Haus, denn der nackte Ehemann wollte sich nun auch gerne etwas überziehen. Mit Jeans und T-Shirt kam er kurz darauf wieder. In der Küche erzählte uns das Paar dann, was passiert war, während die Frau uns freundlicherweise einen Kaffee machte.

«Also, wir haben grundsätzlich die Angewohnheit, nachts bei gekipptem Fenster und geöffneten Jalousien zu schlafen», begann der Mann zu erzählen. «Die frische Luft lässt einen viel besser schlafen. Ich weiß, man sollte eigentlich wissen, dass so etwas Einbrecher einlädt, aber Gewohnheiten sind so eine Sache. Dazu kommt, dass wir in der Regel, außer im tiefsten Winter, nackt schlafen. Wir machen auch gerne FKK.»

Die Frau ging dazwischen. «Du musst den Herren jetzt hier nicht alle Details erzählen», mahnte sie.

«Ist ja gut, Schatz», erwiderte der Mann. «Also, wir lagen vorhin aneinandergekuschelt im Bett und schauten noch eine Sendung im Fernsehen, als meine Frau mich plötzlich anstieß und zum Fenster deutete. Ich wusste erst gar nicht, was sie will.»

Die Frau unterbrach ihren Mann schon wieder. «Bis der kapiert hat, was ich meine, vergehen manchmal Minuten. Das ist zwischen Männern und Frauen anscheinend normal.»

Der Mann versetzte seiner Gattin einen Klaps auf den Hintern. «Frechdachs, aber wenigstens kannst du wieder lachen.»

Toto und ich mussten grinsen, ganz offensichtlich führten die beiden eine harmonische Ehe, und der Schreck war doch nicht so groß.

«So schwerfällig bin ich dann auch nicht. Ich war sofort mucksmäuschenstill, guckte angestrengt in die Dunkelheit vor dem Fenster und lauschte in die nächtliche Stille. Weil ich gerade noch in den hellen Fernseher geschaut hatte, gewöhnten sich meine Augen nur schwer an die Dunkelheit vor dem Schlafzimmerfenster, und ich sah erst mal gar nichts», erzählte der Ehemann weiter.

Wir bekamen unseren heißen Kaffee, der gut tat. Allerdings erinnerte er mich auch an unser Essen im Auto, das bald nicht mehr heiß sein würde.

Der Mann nahm ebenfalls einen Schluck und fuhr fort. «Möglichst unauffällig habe ich zur Scheibe rübergespäht, konnte allerdings vom Bett aus nichts erkennen. Ohne Vorwarnung bin ich dann aufgesprungen und habe einen schnellen Schritt zum Fenster gemacht. Meine Frau rief mir noch ein ängstliches ‹Sei bitte vorsichtig!› hinterher, da war ich bereits dabei, den Fensterflügel ganz zu öffnen. Sofort fuhr mir der Schreck in die Glieder, denn in dem Moment sprang eine dunkelgekleidete Gestalt, die vorher unterhalb des Fensters gehockt hatte, hoch und rannte davon. Dabei zertrampelte der miese Typ meine geliebten violetten und gelben Stiefmütterchen, die meine Frau extra für mich vor dem Schlafzimmerfenster angepflanzt hat.»

Er nahm wieder einen Schluck Kaffee, und seine Frau strich ihm über den Kopf. «Dann bist du Spinner einfach hinterher. Ich hab mir vielleicht Sorgen gemacht.»

«Ist ja gut, ihr habt ja alle recht, war mehr so ein Reflex. Ich hab halt gedacht: Na warte, mein Freund, dich krieg ich», entgegnete der Mann. «Ich bin dann so, wie ich war, aus dem Fenster in den Garten gesprungen und habe den Kerl verfolgt. In der Hektik und Aufregung war ich mir überhaupt nicht darüber klar, dass ich völlig nackt durch die Gärten rannte. Leider hatte der Typ bereits ordentlich Vorsprung und war zudem ganz schön schnell, sodass ich die Verfolgung durch die Nachbarschaft nach kurzer Zeit aufgab und zu unserer Wohnung zurückkehrte. Und dann kamen Sie ja auch schon.»

«Ich frage mich, wie lange der wohl schon dagestanden und gespannt hat», sagte seine Frau, immer noch leicht beunruhigt.

«Gut, dass wir heute keine großen Kunststücke mehr im Bett veranstaltet haben. Obwohl, wenn er gestern schon da war, ist er zumindest einmal auf seine Kosten gekommen.»

Der Mann bekam einen Knuff, und wir mussten lachen. Toto fand als Erster seine Sprache wieder. «Also, wollen Sie jetzt Anzeige erstatten wegen Hausfriedensbruch? Der Mann war immerhin auf Ihrem Grundstück. Theoretisch könnten Sie ihn auch noch wegen Sachbeschädigung anzeigen – die armen Stiefmütterchen. Wegen des Spannens kann man allerdings nichts machen, das ist keine Straftat.»

Ungläubig starrte die Frau uns an. «Wie, das ist erlaubt?»

Ich lächelte sie an. «Erlaubt will ich nicht gerade sagen, und moralisch ist das selbstverständlich eine Schweinerei. Aber es ist keine Straftat.»

Der Mann nahm seine Frau in den Arm. «Komm, Schatz, dann schlafen wir jetzt erst mal bei geschlossenen Jalousien, und ich installiere im Garten einen Halogenstrahler mit Bewegungsmelder, das wollten wir sowieso längst machen. Der wird den perversen Lüstling schon vertreiben», tröstete er sie.

Doch auch damit war die Frau nicht so richtig glücklich. Jedenfalls erstattete das Paar Anzeige wegen Hausfriedensbruch und Sachbeschädigung. Wir hatten uns das Blumenbeet nämlich nochmal angesehen, und es war wirklich völlig zertrampelt.

Nachdem wir uns von dem witzigen Paar verabschiedet hatten, gingen wir zum Bulli.

«Eigentlich ein Witz, dass das erlaubt ist. Man weiß doch, was für perverse Naturen manchmal dahinterstecken. Obwohl ich mal gelesen habe, dass Spanner nicht zu Triebtätern werden. Meine Hand würde ich dafür aber nicht ins Feuer legen», meinte Toto.

«Apropos Feuer, dann werden wir uns unser Nachtmahl wohl nochmal in der Mikrowelle aufwärmen müssen», sagte ich nur, während mir der Magen knurrte.

Toto nickte genervt. «Mmmh, lecker, matschige Pommes aus der Mikro, das schmeckt.»

Wir lachten beide und fuhren zurück zur Wache.

Fazit

Das heimliche Beobachten anderer Menschen stellt, selbst unter Zuhilfenahme von technischen Mitteln wie Spiegeln oder Fern- gläsern, grundsätzlich keine Straftat dar. Das ist erstaunlich, aber wahr. Es ist sogar erst seit 2004 verboten und unter Strafe gestellt, unbefugt Fotos oder Videos von anderen Personen zu machen, wenn diese sich in Wohnungen oder besonders geschützten Räum- lichkeiten (zum Beispiel Umkleidekabinen) aufhalten.

Strafbar sind solche Aufnahmen jedoch auch dann nur, wenn dadurch der «persönliche Lebensbereich» der Person verletzt wird und die Fotos im schlimmsten Fall auch noch ins Internet gestellt werden. Insbesondere Nacktaufnahmen und deren Verbreitung sol- len dadurch vermieden werden. Auch heimliche Tonaufnahmen und deren Verbreitung sind strafbar.

Den klassischen Spanner, der einfach nur gucken will, kann man dagegen rechtlich nicht belangen. Die einzige Ausnahme hierbei ist die neue Gesetzeslage beim Stalking. Wenn jemand also seinen Expartner permanent schikaniert, verfolgt und beobachtet, dann begeht er eine Straftat.

Nachwort

Wir haben versucht, Sie in diesem Buch an die Hand zu nehmen und Ihnen einige Tipps im Umgang mit der Polizei zu geben. Hoffentlich haben Sie das ein oder andere Mal ungläubig den Kopf geschüttelt oder geschmunzelt. Wir hoffen außerdem, dass wir so den einen oder anderen Rechtsirrtum aufklären konnten und dass Sie uns beiden und unseren Kollegen beim nächsten Mal mit mehr Wohlwollen begegnen. Nicht zuletzt dürften Sie anhand der zahlreichen Fallbeispiele gemerkt haben, dass kein Mensch alles wissen kann und dass man deshalb auch nicht immer auf sein Recht pochen sollte.

Zum Abschluss möchten wir Ihnen aber noch eine kleine, kuriose Geschichte mit auf den Weg geben, die zeigt, dass Missverständnisse manchmal einfach nicht zu verhindern sind. Besonders dann nicht, wenn es sich bei den Hauptdarstellern um Totos Verwandtschaft handelt.

Sein Onkel war einer der ersten Gratulanten, als Toto vor fast dreißig Jahren den Einstellungstest bei der Polizei bestand. Er drückte seinen Neffen stolz und brummte: «Gott sei Dank, wenigstens einer in der Familie, aus dem jetzt was Ordentliches wird.»

Diese Formulierung hatte seine Gründe, Totos Onkel war nämlich durch ein kurioses Missverständnis ungewollt zum «schwarzen Schaf» der Familie geworden.

Sein großer Auftritt, bei dem unsere Kollegen ihn festnehmen mussten, begann allerdings ganz harmlos. Er ging mit einem Freund in eine Bankfiliale in Solingen, um Geld von seinem Sparkonto abzuheben. Bis dahin alles kein Problem. Doch Totos Onkel war sehr groß, hatte muskelbepackte Arme, ein wirklich breites Kreuz, lange Haare und einen Vollbart. Eigentlich auch noch nicht wirklich problematisch.

Aber jetzt kommen wir zu der Kleidung, die er bei dem Bankbesuch trug: einen langen Lodenmantel, einen Cowboyhut und an den Füßen Westernstiefel mit klappernden Sporen. Die Krönung war allerdings der Patronengurt, den er sich um die Hüfte geschnallt hatte und an dem ein silberner fünfundvierziger Colt baumelte. Einen zerdrückten Zigarillo im Mundwinkel, ging er zum Schalter und sagte den in Totos Familie bis heute legendären Satz: «Gib mir all mein Geld, Gringo!»

Der Bankangestellte im grauen Anzug und mit gestreifter Krawatte drückte natürlich sofort panisch auf den Alarmknopf. Ein peinliches Missverständnis, denn es war Rosenmontag, und der Cowboy führte überhaupt nichts Böses im Schilde. Er brauchte schlicht Bargeld für die Karnevalsparty in einer nahen Kneipe. Jedenfalls stürmten kurz darauf unsere Kollegen die Bank, nahmen Totos Onkel fest und brachten ihn in Gewahrsam.

So etwas kann und will man ja eigentlich gar nicht verhindern, denn solche Irrtümer und Missverständnisse machen das Leben eines Polizisten erst interessant und spannend. Nicht zuletzt deshalb lieben wir unseren Beruf und möchten nie mehr etwas anderes machen.

Abschließend möchten wir Ihnen eines versprechen: Toto und Harry sind im Einsatz auch dann kein bisschen genervt, wenn ein verängstigter Bürger demnächst trotzdem mal wieder fragt: «Bin ich schuld?»

Dank

Wir danken unseren Familien, die viel Geduld mit uns haben und uns den Rücken freihalten. Den Kollegen des Bochumer Polizeipräsidiums, ohne die wir kein gutes Team sein könnten. Dem Polizeipräsidenten Thomas Wenner, der uns immer unterstützt hat. Dem 1. Polizeihauptkommissar und Dienstgruppenleiter in der Dortmunder Nordstadt Heinz-Volker Gottschling und unserem Dienstgruppenleiter Johannes Zapusek, die uns vor Fehlern bewahrt haben. Den Bürgern, die unser Polizeileben jeden Tag abwechslungsreich gestalten. Den Fernsehzuschauern, die uns bei unserem Job oft und gerne begleitet haben. Und den Lesern dieses Buches, die in Zukunft unseren Kollegen verständnisvoller begegnen, weil sie jetzt die Irrtümer aus dem Polizeialltag kennen.